Ingrid Biermann

Purzelbaum und Hängematte

Spielideen zur Körpererfahrung

Ingrid Biermann

Purzelbaum und Hängematte

Spielideen zur Körpererfahrung

HERDER
FREIBURG · BASEL · WIEN

Gedruckt auf umweltfreundlichem, chlorfrei gebleichtem Papier

Umschlagkonzeption und Gestaltung:
R·M·E Roland Eschlbeck / Rosemarie Kreuzer
Umschlagfoto: Albert Josef Schmidt, Freiburg
Lektorat: Anima Kröger

www.herder.de

Satz und Gestaltung: Büro MAGENTA, Freiburg
Druck und Bindung: fgb · freiburger graphische betriebe 2003
www.fgb.de

ISBN 3-451-28028-0

Das Daumenregister ermöglicht Ihnen eine schnelle Übersicht. Anbei die Erläuterungen der in diesem Buch verwendeten Piktogramme.

ein Kind

ab zwei Kinder

Kleingruppe 3 – 8 Kinder

Großgruppe ab 9 Kinder

Spiele im Haus

Spiele im Freien

Einleitung

Liebe Kollegin,

In diesem Buch geht es wie im Alltag eines Kindes viel um Bewegung. Denn Kinder brauchen Bewegung.
Aber zur aktiven Bewegung gehört auch Ruhe. Sich nach einem bewegungsreichen Tag in der Hängematte auszuruhen, um dort wieder zu Kräften zu kommen, ist ein Bedürfnis, das in jedem Kind verankert ist. Um dem Kind eine wohl dosierte Mischung zwischen aktiver und passiver Bewegung anzubieten, so dass es sich mit seinen Kräften, seinen Talenten entdeckt und ein wohltuendes Körpergefühl entwickeln kann, braucht jede Erzieherin ein gutes Fingerspitzengefühl.
Die Wahrnehmung der Kinder, ihr Gefühl für ihren Körper, für das, was ihnen gut tut, ist oft, auch schon bei den Kindergartenkindern, blockiert. Ihr Bewegungsspielraum wird immer enger. Es gibt Zeiten, da bewegen die Kinder sich nur noch vom Stuhl zum Fernsehsessel oder zum Autositz.
Sie werden gefahren, sie werden unterhalten und sie lassen machen. Schon die Jüngsten werden bequem, ihre Lust auf Bewegung und Bewegungserfahrungen, auf Erfahrungen, die man mit dem eigenen Körper macht, lässt nach.
Diesen Kreislauf zu durchbrechen sollte jedem, der sich mit Kindern beschäftigt und ihre Bedürfnisse kennt, ein großes Anliegen sein.
Selbst die Erfahrung machen, das sollte an erster Stelle stehen. Sich mit seiner Umgebung, mit den Reizen, die jedem Menschen für eine positive Körpererfahrung bereit stehen, auseinander zu setzen, sich in einem ausgeglichenen Zustand zu spüren, diese Chance sollten wir den uns anvertrauten Kindern geben.
Da die Kinder in allen Altersstufen unterschiedliche Bedürfnisse nach Bewegung, Ruhe und somit nach eigener Körpererfahrung haben, finden Sie in diesem Buch eine Reihe von neuen Spielideen für unterschiedliche Alterstufen.
Sie geben den Kindern damit die Möglichkeit, ihr Körperbewusstsein wieder neu zu entdecken. Die Spielvorschläge

sind sowohl für die Förderung des einzelnen Kindes als auch für kleine oder größere Gruppen gedacht.
Sie lassen immer Platz für die Wünsche und Bedürfnisse der Kinder, sind leicht in Ihr momentanes Thema einzubauen und geben bestimmt Anregungen zu neuen Themen und eventuell auch Anstoß zu neuen Wegen, die Sie vielleicht in Ihrer Arbeit gehen wollen. Die Spiele sind schnell umsetzbar und lassen sich daher gut in Ihren Zeitplan und Tagesablauf eingliedern.

Wenn Sie in Ihrer Arbeit darauf achten, dass neben »Purzelbäumen« auch immer noch Platz für die »Hängematte« ist, dann sorgen Sie dafür, dass das Kind spielend leicht über selbst gemachte Körpererfahrung nicht nur seine Bewegung, sondern auch seine soziale Intelligenz und sein Selbstbewusstsein verbessert. Bewegung und die damit verbundene Körpererfahrung sind die Voraussetzung für eine ganzheitliche, gesunde, kindliche Entwicklung und Grundlage des Lernens.
Dieses Buch soll Sie anregen, selbst Spiele zu entdecken und zu entwickeln, die auf das Bedürfnis Ihrer Kinder abgestimmt sind, es soll Lust auf eigene, auf neue, auf Körpererfahrung machen, die Spaß macht.

Viel Freude mit diesen neuen Spielvorschlägen!

Ingrid Biermann

Spielideen für die Dreijährigen

Beobachten Sie doch einmal Ihre Dreijährigen. Sie werden feststellen, dass sie über lange Phasen hin sehr aktiv sein können, aber dann auch wieder die Ruhe suchen und irgendwo – mit einem Teddy im Arm oder dem Daumen im Mund – in einer Ecke sitzen. Bewegung und Ruhe müssen in einem ausgewogenen Verhältnis stehen, damit das Kind gut über den Tag kommt. Sind die Bewegungsphasen zu lang und kommen die Ruhephasen zu kurz, dann wird ein Kind schnell zum Tollpatsch. Es hat seinen Körper nicht mehr unter Kontrolle. Die Verletzungsanfälligkeit und die Konfliktbereitschaft werden in solch einer Phase vielfach größer und die Negativerlebnisse nehmen zu. Durch gutes Beobachten können Sie schnell die Grenzen seiner Belastbarkeit erkennen und reagieren. Nutzen Sie die Bewegungsfreude und lassen Sie die Kinder balancieren und klettern und geben Sie ihnen in Ruhephasen die Möglichkeit, sich beispielsweise mit seinen Fingern, seinem Körper und mit sich selbst zu beschäftigen. Sie werden sehen, dass die Dreijährigen schnell ein ausgeglicheneres Körpergefühl entwickeln.

Pompom, der kleine Tollpatsch

Anzahl: Kleingruppe
Ort: Gruppenraum oder Gymnastikraum

Material: ein Bär als Handpuppe, Perlen, Holzkugeln, Pfeifenputzer, verschiedene Plastikgefäße (Margarinebecher, Jogurtbecher), eine Schüssel mit Futterbohnen, Scheren, Papier, verschieden dicke Papp- oder Plastikrohre (Toilettenpapierrollen, Wasserschlauch), verschiedene Bausteine, mehrere Esslöffel, ein großes Abdecktuch, eine kleine Wolldecke

Hinführung: Die Materialien stehen griffbereit und sind mit einem Tuch abgedeckt. Die Wolldecke liegt in der Kreismitte.

Die Erzieherin bittet die Kinder, sich um die Decke zu stellen. Ein Kind legt sich in die Decke. Die andern heben die Decke an und versuchen sie leicht hin und her zu bewegen. Das Kind wird wie in einer Hängematte ein klein wenig geschaukelt. Das Spiel kann mehrmals wiederholt werden. In einem Gespräch wird über die schönen Seiten und über die Gefahren einer Hängematte gesprochen.

Durchführung: Nun holt die Erzieherin die Handpuppe und stellt den Waschbären als Pompom vor. Danach erzählt sie folgende Geschichte.

Pompom, der Waschbär, ist am letzten Sonntag drei Jahre alt geworden. Er wohnt mit seinen zwei Geschwistern, seinen Eltern und seiner Oma in einem Wald. Dort kann man wunderbar Fangen spielen, sich verstecken, klettern, balancieren, über Baumstämme springen, Fische fangen, Beeren sammeln, Purzelbäume machen und, wenn man will, auch ganz lange in der Hängematte liegen und träumen. Pompom ist beim Klettern, Springen, Treppensteigen und Balancieren noch sehr ungeschickt. Oft fällt er hin oder stolpert über seine eigenen Füße. Er ist ein richtig kleiner Tollpatsch. Man sieht Pompom sehr häufig mit einer Beule am Kopf, einer verschrammten Nase oder einem dicken Knie in der Hängematte liegen und träumen. Pompom träumt schrecklich gerne. Wenn er in der Hängematte liegt, reckt und streckt er seine Glieder aus und kuschelt sich in das große Tuch ein. Stundenlang wird er vom Wind geschaukelt und dabei fühlt er sich so richtig wohl. Seine Geschwister, die toben lieber herum.
Vor einigen Tagen haben sie ein neues Spiel entdeckt. Purzelbaumschlagen heißt es, und das finden sie sehr schön. Beim Purzeln und Hüpfen spüren sie ihren Körper und wenn sie dann schwitzen, dann geht es ihnen gut. Pompom probiert es erst gar nicht aus, denn er weiß, dass er doch keinen Purzelbaum schlagen kann. Also bleibt er in der Hängematte und schaut von dort aus seinen Geschwistern zu.

Pompom ist nicht nur beim Klettern und Balancieren noch etwas ungeschickt. Er schneidet nicht richtig aus, kann keinen Turm bauen, keine Perlen auffädeln und gießt die Milch häufiger neben den Becher. Er ist eben ein kleiner Tollpatsch. »Macht nichts«, sagt dann tröstend seine Mutter, »es ist noch kein Meister vom Himmel gefallen. Wir üben weiter und du wirst sehen, bald kannst auch du diese Dinge genauso gut wie deine Geschwister.« Pompom gibt nicht auf. Täglich übt er das Eingießen der Milch, baut Türme, fädelt Perlen auf und, wenn er dazu mal keine Lust hat, dann geht er zu seinem Lieblingsplatz und wo der ist, das wisst ihr alle. Pompoms Lieblingsplatz ist ...

(die Hängematte)

Schluss: Die Kinder führen die Geschichte zu Ende und üben nun Spiele, bei denen sie ihre Körpermotorik unter Beweis stellen können.

Spielbeispiele: Türme bauen, Perlen auffädeln, das Eingießen üben (Hinweis: Futterbohnen statt Wasser), ein Blatt zusammenfalten, ein Blatt zerschneiden, Kugeln durch verschieden dicke Rohre rollen, Perlen, Kugeln oder Bohnen mit dem Löffel umfüllen, auf Stühle steigen und hinunterspringen, mit beiden Beinen von einer Matte zur anderen springen, durch Stühle kriechen, vom Stuhl auf den Tisch klettern und wieder hinunter usw.

Spiele zur Verbesserung der Bewegungsfähigkeit

Im Land der Kuscheltiere – Turnspiele

Anzahl: Kleingruppe
Ort: Gymnastikraum

Material: eine Auswahl an vorhandenen Kletter-, Balancier- und anderen Klein- und Großgeräten, mit denen eine Bewegungslandschaft gebaut werden kann, eine Decke, mehrere große Betttücher und kleine Tücher, eine Glocke, ein Kuscheltieraffe, für jedes Kind ein gut darzustellendes Kuscheltier und rutschfeste Socken

Raumvorbereitung: Die Geräte werden zu einer Dschungellandschaft aufgebaut, in der geklettert, gesprungen, gekrabbelt und balanciert werden kann. Darin werden die Kuscheltiere versteckt und mit Tüchern zugedeckt. Diese Landschaft wird zunächst mit Betttüchern abgedeckt. Die Decke liegt in einer Raumecke. Der Kuschelaffe liegt griffbereit und ist mit einem Tuch abgedeckt.

Hinführung: Die Kinder sitzen auf der Decke. Die Erzieherin bewegt sich wie ein Hase, Elefant oder Storch. Die Kinder erraten, welches Tier die Erzieherin nachmacht. Danach können sich die Kinder frei im Raum bewegen und beliebige Tierbewegungen machen. Ein Signal (Glocke) beendet diese Phase.

Durchführung: Die Erzieherin lädt die Kinder ins Land der Kuscheltiere ein. Sie nimmt die Tücher von den Geräten, holt den Affen, setzt ihn auf das Tuch und erzählt folgende Geschichte:

Bimbo, der kleine Affe, lebt mit vielen anderen Tieren im Land der Kuscheltiere. Dort gefällt es ihm gut, denn hier ist er nie allein. Jeden Tag spielt er mit einem anderen Kuscheltier und deshalb hat er schon viele Freunde. Doch heute ist alles anders. Bimbo sitzt

schon seit mehreren Stunden auf diesem Tuch und wartet auf seine Freunde. Doch sie kommen nicht. Haben sie verschlafen? Bimbo würde sie gerne in ihren Höhlen besuchen. Aber er kennt sich in dem großen Land nicht aus und würde die Verstecke seiner Freunde niemals finden. Darum wollen wir ihm helfen. Doch wir müssen klettern, balancieren, springen und kriechen, denn in diesem Dschungel gibt es tiefe Gräben und hohe Berge, die zu den Höhlen führen.

Nun begeben sich die Kinder auf die Suche. Sie klettern, springen, kriechen so lange über und unter die Geräte, bis alle Kuscheltiere gefunden sind. Jedes Kind bringt ein Kuscheltier auf die Decke, auf der zu Beginn alle Kinder gesessen hatten. Sie setzen sich dazu. Jeder kann nun etwas über das Tier erzählen und seine Bewegung vorstellen.

Danach singen sie folgendes Lied und machen alle die Bewegung des Tieres nach.

Melodie:
Wollt ihr wissen …

Wollt ihr wissen, wollt ihr wissen, was die kleinen Hasen machen.
Ja, sie hüpfen, ja, sie hüpfen, und wir machen nun mit.

Die Kinder erfinden weitere Strophen entsprechend der gefundenen Kuscheltiere.

Die Erzieherin erzählt nun den Schluss der Geschichte:
Seine Freunde verabschieden sich und Bimbo bedankt sich bei den Kindern für ihre Hilfe. Da es schon dunkel ist, bringen die Kinder die Kuscheltiere in ihre Wohnungen zurück.

Schluss: Die Kinder bringen kletternd, kriechend usw. ihr Kuscheltier zurück in ihre Höhlen und treffen sich zu einem kurzen Abschlussgespräch wieder auf der Decke.

Ich bin der braune Teddy – Tanzspiel

Anzahl: Einzelangebot / Kleingruppe bis 8 Kinder
Ort: beliebig

Material: ein Teddybär, ein großes Tuch, eine Glocke

Raumvorbereitung: In die Kreismitte wird der Teddy gelegt und mit dem Tuch abgedeckt.

Hinführung: Die Kinder sitzen oder knien um das Tuch und erfühlen den Teddy unter dem Tuch. Auf ein Kommando rufen sie gemeinsam das, was sie erfühlt haben. Danach spielen die Kinder einen Teddy und bewegen sich dementsprechend durch den Raum (stampfen, sich rollen, klettern, breitbeinig und schnell laufen usw.). Ein Signal (Glocke) zeigt ihnen an, wann sie stehen bleiben und wann sie weitergehen können.

Durchführung: Die Erzieherin singt und spielt das Teddylied und die Kinder bewegen sich entsprechend.

Melodie:
Ich bin ein Musikante

Ich
Auf sich zeigen.

bin der braune Teddy und mache dir
Auf ein Kind zeigen.

was vor.
Ich
Auf sich zeigen.

bin der braune Teddy und mache dir
Auf ein Kind zeigen.

was vor.
Ich
Auf sich zeigen.

kann stampfen, du

Auf ein Kind zeigen.

kannst stampfen,
ich

Auf sich zeigen.

kann stampfen, du

Auf ein Kind zeigen.

kannst stampfen.
Bum, bum, bum, bum, bum, bum, bum, bum,
so stampfen wir im Kreis herum.
Bum, bum, bum, bum, bum, bum, bum, bum,
doch plötzlich falln wir um.

Auf den Boden fallen lassen.

Weitere Strophen erfinden die Kinder, z.B ... kann laufen ... /... kann springen...

Schluss: Die Kinder legen den Teddy auf das Tuch, fassen dieses am Rand an und lassen den Teddy durch Auf- und Abwärtsbewegungen auf dem Tuch springen.

Im Wiesenhaus - Bewegungsgeschichte

Anzahl: Kleingruppe
Ort: Gymnastikraum

Material: eine weiche, grüne Decke, bequeme Turnbekleidung, ein Rekorder mit ruhiger Musik

Raumvorbereitung: Die Decke wird in eine Raumecke gelegt, der Rekorder steht griffbereit.

Hinführung: Die Kinder sitzen in bequemer Kleidung und barfuß auf der weichen grünen Decke. Sie sollen sie nun mit den Füßen erspüren und anschließend erzählen, woran sie diese Decke erinnert. Die Erzieherin weist darauf hin, dass dies ein Wiesenhaus ist, in dem viele Tiere wohnen, die wir heute besuchen wollen.

Durchführung: Nun wird die Wiesenhausgeschichte erzählt. *Eine große Wiese mit Blumen und Gras ist für viele kleine Tiere ein richtiges Haus. Hier zwischen den Gräsern haben sie ihre Zimmer und dort können sie es sich so richtig gemütlich machen. Da das Wiesenhaus sehr groß ist, haben viele verschiedene Tiere dort eine Wohnung. Jedes Tier hat einen netten Nachbarn, mit dem es gut auskommt und mit dem es auf der Wiese viel unternehmen kann.*
Gemeinsam hüpfen, krabbeln, springen und fliegen die Tiere in und um ihr Haus herum. Erst abends wird es auf der Wiese ganz still. Doch sobald die Sonne lacht, geht es in diesem Wiesenhaus wieder lebendig zu. Überall ist ein Hüpfen, Krabbeln, Kriechen und Fliegen zu beobachten. Alle Hausbewohner sind sehr nett: Wenn sie sich sehen, reden und lachen sie miteinander und niemand möchte ausziehen, denn jeder fühlt sich hier pudelwohl.

Nun können die Kinder die Wiesenhaustiere darstellen und frei nach Lust und Laune kriechen, krabbeln, fliegen oder hüpfen und dabei die entsprechenden Geräusche machen.

Danach kann jedes Kind sein Wiesenhaustier vorstellen und alle anderen machen dieses Tier mit seinen Bewegungen und Geräuschen nach.

Schluss: Die Kinder legen sich auf die Decke, entspannen sich bei ruhiger Musik und können noch einmal an die vielen Tiere denken, die heute in diesem Wiesenhaus friedlich zusammen gespielt haben. Danach kann über das Erlebte gesprochen werden.

Ich hample immerzu – Bewegungslied

Anzahl: beliebig
Ort: Gruppenraum / Gymnastikraum

Material: entfällt

Melodie: Jörg Schnieder
Text: Ingrid Biermann

Durchführung: Die Kinder bewegen sich dem Text entsprechend. Das Lied beginnt mit dem Refrain, bei dem die Kinder hampeln. Da sich bei jeder Strophe die Bewegung ändert, ändert sich auch dementsprechend der Refrain, d.h. beim 2. Refrain trampeln die Kinder fest, beim 3. Refrain laufen sie schnell auf der Stelle und beim 4. Refrain setzen sich die Kinder und legen ihren Kopf auf ihre zusammengelegten Hände.

Refrain: *Ich trample …*

Ach, wie ist das Trampeln schön,
trampeln kann man mich oft sehn.
Trampel oft von früh bis spät,
weil das so einfach geht.

Refrain: *Ich laufe …*

Ach, wie ist das Laufen schön,
laufen kann man mich oft sehn.
Laufe oft von früh bis spät,
weil das so einfach geht.

Schluss: (Dieser Refrain wird sehr leise gesungen.)
Ich schlafe, ich schlafe, ich schlafe immerzu,
ich schlafe, ich schlafe und gönne mir nun Ruh.
Ich schlafe, ich schlafe, ich schlafe immerzu,
ich schlafe, ich schlafe, mach mit und schau nicht zu.

Spiele zur Stärkung des Körperausdrucks

Zwei weiße Mäuse – Fingerspiel

Anzahl: Kleingruppe oder Einzelangebot
Ort: im Kreis / am Tisch

Material: Fühlbeutel, Kuscheltiermaus

Hinführung: Die Kuscheltiermaus liegt im Fühlbeutel in der Kreismitte. Die Kinder betasten den Beutel und erraten den Inhalt. Sie behalten die Lösung aber zunächst für sich. Nachdem alle gefühlt haben, rufen sie auf ein Kommando der Erzieherin gemeinsam die Lösung zu.

Durchführung: Nun wird die Maus gezeigt und noch einmal befühlt, betrachtet, bestaunt und in die Mitte gesetzt. Die Erzieherin spricht und spielt das Fingerspiel.

Variation: Die Kinder stehen dicht hintereinander und spielen die Geschichte auf dem Rücken des Vordermannes.
Das Fingerspiel eignet sich auch als Rollenspiel.

Zwei weiße Mäuse sieht man laufen,
sie wollen frischen Käse kaufen.

> Die Finger in der Luft bewegen/mit den Fingern über den Rücken laufen.

Sie laufen hin und laufen her,
der Hunger, ja, der treibt sie sehr.

> Mit den Fingern Laufbewegungen machen/mit den Fingern über den Rücken laufen.

Zwei weiße Mäuse bleiben stehn,
sie können nicht mehr weitergehn.

> Hände stillhalten/Fingerspitzen ruhig auf dem Rücken stehen lassen.

Die erste sagt:
»Ich kann nicht mehr,
das Laufen, ja, das fällt mir schwer.«
Die zweite sagt:
»Ich will nicht mehr,
so weit zu laufen fällt mir schwer.«
Doch der Hunger, der ist groß,
drum laufen beide wieder los.
Sie laufen lange ohne Ruh,
doch leider hat der Laden zu.

Mit den Fingern Laufbewegungen machen/mit den Fingern über den Rücken laufen.

Zwei weiße Mäuse gehn zurück,
sie suchen auf dem Feld ihr Glück.

Mit den Fingern Laufbewegungen machen/mit den Fingern über den Rücken laufen.

Sie finden Körner, klein und rund,

Mit dem Daumen und Zeigefinger kleine Kreise zeigen/ mit dem Zeigefinger kleine Kreise auf den Rücken malen.

sie fressen sie, die sind gesund.

Daumen und Zeigefinger im schnellen Tempo aufeinander drücken und wieder öffnen/mit dem Daumen und dem Zeigefinger leichte »Zangengriffe« auf dem Rücken machen.

Zwei weiße Mäuse sind nun satt,
sind müde und ein wenig matt.
Sie laufen langsam nun nach Haus

Mit den Fingern Laufbewegungen machen/mit den Fingern über den Rücken laufen.

und schlafen sich dort lange aus.

Den Kopf auf die zusammengelegten Hände legen/ die Handflächen auf den Rücken legen.

Schluss: Die Kinder machen gemeinsam mit der Erzieherin das Finger- oder das Körperspiel.

Die fünf Wutzwerge – Fingerspiel

Anzahl: Kleingruppe / Einzelangebot
Ort: beliebig

Material: entfällt

Hinführung: Gemeinsam mit den Kindern werden Gefühle dargestellt und besprochen (Freude, Trauer, Wut, Angst).

Durchführung: Die Erzieherin erzählt folgende Geschichte und spielt diese mit den Fingern vor.

Hinter einem hohen Berge,
Die Fingerspitzen beider Hände werden über dem Kopf aneinander gelegt.

da wohnen fünf sehr junge Zwerge.
Die Finger einer Hand zeigen.

Sie klettern, springen, haben Mut,
Die Bewegungen mit den Fingern nachahmen.

doch manchmal packt sie auch die Wut.
Sie brüllen, trampeln, schreien dann,
Geräusche und Bewegungen nachspielen.

sodass man sie weit hören kann.
Eine Hand hinter ein Ohr halten.

Der erste Zwerg brüllt wie ein Bär,
Den Daumen zeigen und brüllen.

als wenn er heut der Stärkste wär'.
Der zweite Zwerg trampelt vor Wut,
Zeigefinger zeigen und mit den Füßen trampeln.

danach geht's ihm wieder gut.
Der dritte Zwerg zischt wie 'ne Schlange,
Den Mittelfinger zeigen und laut zischen.

davon werden die Mäuse bange.
Der vierte Zwerg stampft wie ein Riese,
Den Ringfinger zeigen und mit den Füßen stampfen.
das Gras, es zittert auf der Wiese.

Der fünfte Zwerg schreit ohne Ton
Den kleinen Finger zeigen und pantomimisch schreien.

und schwupp, fliegt seine Wut davon.
Fünf Zwerge können wieder lachen,
gemeinsam schöne Dinge machen.
Laut lachen.

Schluss: Die Kinder spielen die Geschichte mit ihren Fingern und suchen nach Lösungen, wie sie Gefühle, z.B. Wut, verarbeiten können.
- Papier zerreißen,
- in ein Kissen boxen,
- eine Runde um das Haus laufen usw.

Ein Riese poltert durch die Welt – Rollenspiel

Anzahl: Kleingruppe / Großgruppe
Ort: beliebig

Material: Stühle oder Sitzmatten, Tamburin

Hinführung: Die Erzieherin stellt pantomimisch einen Riesen und einen Zwerg dar. Die Kinder erraten, was sie darstellt, und bewegen sich anschließend wie Zwerge und Riesen durch den Raum.

Durchführung: Die Erzieherin erzählt folgende Geschichte und begleitet sie mit dem Tamburin.

Ein Riese poltert durch die Welt,
Stampfend im Raum herumgehen.

das Poltern ihm so gut gefällt.
Weiterstampfen.

Er poltert laut, das ist nicht schwer,
Sehr laut stampfen.

der Riese mag das Poltern sehr.
Ein Zwerg, der trippelt durch die Welt,
Trippelnd durch den Raum gehen.

das Trippeln ihm so gut gefällt.
Weitertrippeln.

Er trippelt leis, das ist nicht schwer,
Sehr leise trippeln.

der Zwerg, der mag das Trippeln sehr.
Der Riese poltert laut daher,
Laut durch den Raum stampfen.

der Zwerg, der trippelt hinterher.
Leise durch den Raum trippeln.

Der Riese poltert schnell nach Haus
Polternd durch den Raum laufen und auf den Stuhl oder die Matte setzen.

und auch der Zwerg, er ruht sich aus.
Zum Sitzplatz trippeln und sich setzen.

Schluss: Die Kinder werden in zwei Gruppen aufgeteilt und spielen entsprechend der Geschichte den Zwerg und den Riesen.

Variation: Ein Kind spielt den Zwerg und ein Kind den Riesen. Die anderen Kinder stellen einen Wald dar.

Spielend leicht in die Entspannung kommen

Zwei Bären im Wald – Klopfmassage

Anzahl: Kleingruppe bis 6 Kinder (oder auch Einzelangebot)
Ort: Ruheraum / Gymnastikraum

Material: für je zwei Kinder eine Decke, ein großes braunes Tuch, zwei verschieden große Kuschelbären, Lampe, Rekorder mit ruhiger Musik

Raumvorbereitung: Die Decken werden kreisförmig ausgelegt. In der Kreismitte liegt das braune Tuch. Unter ihm liegen die Kuschelbären. Der verdunkelte Raum ist durch eine Lampe erhellt.

Hinführung: Die Kinder sitzen zu zweit auf den Decken und werden eingeladen, die Dinge unter dem Tuch zu erfühlen. Nachdem alle gefühlt haben, rufen die Kinder gemeinsam die Lösung. Die Erzieherin entfernt das Tuch und die Kinder können die zwei Bären aus der Nähe betrachten und befühlen. Dadurch kann ein lebhaftes Gespräch initiiert werden.

Durchführung: Die Erzieherin trägt die Reimgeschichte vor und setzt dabei den jeweiligen Bären auf das Tuch. Die Hinweise sind für die Klopfmassage gedacht, die im Anschluss an den Reimvers durchgeführt wird.

Ein großer, dicker, brauner Bär
stampft in dem Wald allein umher.
Mit den Fäusten klopfend über den Rücken gehen.

Er stampft gemütlich Schritt für Schritt,
niemand geht heut mit ihm mit.
Die Klopfmassage wird langsam fortgeführt.

Plötzlich steht der Bär ganz still,
weil er ein wenig lauschen will.

Die Fäuste bleiben ruhig auf dem Rücken des Kindes liegen.

Er hört Schritte, ja und dann,
fängt er schnell zu laufen an.

Mit den Fäusten schnell über den Rücken laufen und sie dann vom Rücken nehmen.

Im Gebüsch sitzt er und dann,
kommt von weitem jemand an.

– kurze Pause –

Ein kleiner, dicker, brauner Bär
stampft in dem Wald allein umher.

Mit den beiden Zeigefingern über den Rücken laufen.

Er stampft gemütlich Schritt für Schritt,
niemand geht heut mit ihm mit.

Mit den beiden Fingern langsam über den Rücken laufen.

Plötzlich steht der Bär ganz still,
weil er ein wenig lauschen will.

Mit den Fingern auf dem Rücken stehen bleiben.

Er hört Schritte, ja und dann,
fängt er schnell zu laufen an.

Schnell mit den Fingern über den Rücken laufen.

Er läuft, so schnell er kann, nach Haus,

Noch schneller mit den Fingern über den Rücken laufen.

schließt seine Tür, kommt nicht mehr raus.

Mit der flachen Hand leicht auf den Rücken schlagen.
– kurze Pause –

Ein großer, dicker, brauner Bär,
ja, der traut sich wieder her.

Mit den Fäusten über den Rücken laufen.

Er läuft nun auch ganz schnell nach Haus,

Mit den Fäusten schnell über den Rücken schlagen.

schließt die Tür, kommt nicht mehr raus.

Einmal mit der flachen Hand auf den Rücken schlagen.

Schluss: Klopfmassage
Nun legt sich ein Kind auf den Bauch und das andere führt mit Hilfe der Geschichte diese Klopfmassage nach den Anweisungen auf dem Rücken des liegenden Kindes durch. Ruhige Musik untermalt diese entspannende Körpermassage. Dann werden die Rollen getauscht.

Variation: Am nächsten Tag kann aus dieser Geschichte ein kleines Rollenspiel gemacht werden.

10 Finger – Körperspiel

Anzahl: Einzelangebot, Kleingruppe / Großgruppe
Ort: im Kreis, drinnen, draußen

Material: entfällt

Hinführung: Die Erzieherin stellt ein Rätsel und spielt den Text mit den Händen mit.

Was ist das?
Sie sind zu fünft an einer Hand,
sie sind jedem hier bekannt.
Sie zappeln, liegen auch ganz still,
immer dann, wenn ich es will.
(Die Finger)

Durchführung: Die Kinder stehen so dicht hintereinander im Kreis, dass sie mit ihren Fingern den Text auf dem Rücken des Vordermannes nachspielen können.

10 Finger, die sind heut ganz schnell,
sie krabbeln munter auf der Stell.

10 Finger springen heut ganz schnell,
springen munter auf der Stell.

10 Finger patschen heut ganz schnell,
sie patschen munter auf der Stell.

10 Finger ruhen sich nun aus,
Handflächen auf den Rücken legen.

und laufen dann ganz schnell nach Haus.
Die Handflächen auf den Rücken legen und dann schnell auf dem Rücken laufen lassen.

Schluss: Um die unterschiedlichen Körpergefühle zu erleben, kann der Text nun an verschiedenen Stellen des Körpers gespielt werden (Beine, Bauch, Arme usw.).

Der klitzekleine Igelball – Entspannungsspiel

Anzahl Einzelangebot, Kleingruppe
Ort: Ruheraum

Material: einige Teelichter im Glas, ein größeres Seidentuch, ein Abdecktuch, ein Rekorder mit ruhiger Musik, für jedes Kind eine Decke, ein kleines Kissen, ein Igelball, bequeme Turnbekleidung

Raumvorbereitung: Der Ruheraum sollte warm und etwas verdunkelt sein. Die Decken sind in Kreisform angeordnet und die Mitte ist mit dem Tuch und den Teelichtern gestaltet. Der Rekorder und die Igelbälle liegen griffbereit und sind mit einem Tuch abgedeckt.

Hinführung: Nachdem die Kinder sich frei im Raum bewegt, ihn sich angeschaut und sich einen Platz gesucht haben, werden sie gebeten, ihre Hände auf den Rücken zu legen. Die Erzieherin legt jedem Kind einen Igelball in die Hand. Die Kinder versuchen, den Gegenstand zu erfühlen. Nach einem Kommando rufen die Kinder gemeinsam laut die Lösung. Diese Form der Beantwortung sollte bei Rätseln immer gewählt werden, denn dann fallen falsche Antworten einzelner Kinder nicht auf. Danach können sie sich bei ruhiger Musik mit dem Igelball verwöhnen. Den Ball über die Arme, die Beine usw. rollen lassen.

Durchführung: Die Erzieherin erzählt nun die Igelballgeschichte und fordert die Kinder auf, den Igelball über ihren Körper rollen zu lassen, wie es in der folgenden Geschichte beschrieben wird. Ruhige Musik begleitet diese Aufgabe.

Der klitzekleine Igelball,
ja, der rollt wirklich überall.
Er rollt die Beine rauf und runter,
der Igelball ist ganz schön munter.

Den Ball die Beine rauf und runter rollen lassen.

Der klitzekleine Igelball,
ja, der rollt wirklich überall.
Er rollt die Arme auf und ab,
der Igelball, er wird nie schlapp.

Den Ball die Arme rauf und runter rollen lassen.

Der klitzekleine Igelball,
ja, der rollt wirklich überall.
Rollt auf dem Bauch nun hin und her,
das ist für diesen Ball nicht schwer.

Den Ball auf dem Bauch hin und her rollen. Bei der Partnerübung kann der Bauch auch durch den Rücken ersetzt werden.

Der klitzekleine Igelball,
ja, der rollt wirklich überall.
Doch jetzt, da braucht er eine Pause,
der Igelball, der rollt nach Hause.

Der Ball wird langsam vom Körper gerollt.

Schluss: Die Kinder bilden Paare. Ein Kind legt sich auf den Rücken und das andere rollt den Ball, entsprechend dem Text, über die einzelnen Körperteile. Dann werden die Rollen getauscht. Ein Gespräch über die gemachten Körperempfindungen beschließt dieses Entspannungsspiel.

Spielideen
für die Vierjährigen

Mit vier Jahren hat sich die Körperkontrolle des Kindes schon stark verbessert. Es kann nun im Fußwechsel die Treppenstufen bewältigen, mit geschlossenen Beinen von einer Bank springen, mehrmals hintereinander springen, einen Hüpfer auf einem Bein machen, auf jedem Bein für einige Sekunden stehen, ohne das Gleichgewicht zu verlieren, wie die Soldaten marschieren und dabei die Arme gestreckt heben oder sich auf Zehenspitzen fortbewegen. Auch im Umgang mit dem Ball hat es Sicherheit erlangt. Die Freude an der Bewegung ist nicht zu bremsen. Vorbilder regen es immer wieder zu neuen Aktionen an und es freut sich über jedes Lob. Seine Motorik verbessert sich. Es kann mit der Schere schneiden, Schlangen und Kugeln drehen und kneten. Seine Freude an Bewegungsspielen und Liedern, Mitmachgeschichten, Fingerspielen und Körpermassagen wächst. Es genießt Ruhe und kann gut zuhören. Es kann sein Körpergefühl und seine Körperbedürfnisse artikulieren und lernt sich wahrzunehmen. All diese Fähigkeiten, über die das dreijährige Kind in mehr oder weniger stark ausgeprägter Form verfügt, können nun von Ihnen noch bewusster spielerisch gefordert und somit gefördert werden. Sie werden sehen, die Vierjährigen werden auch Sie immer wieder neu herausfordern.

Pompoms neue Entdeckungen

Anzahl: Kleingruppe
Ort: Gymnastikraum

Material: ein Bär als Handpuppe, einige Gymnastikgeräte, wie etwa kleine Kästen (Heidelberger Treppen), eine Leiter, Matten, eine Bank, für jedes Kind einen Gymnastikball, eine Wolldecke, ein Abdecktuch

Vorbereitungen: Die Materialien liegen griffbereit und die Decke ist in einer Raumecke ausgebreitet. Die Handpuppe liegt unter einem Tuch auf der Decke.

Hinführung: Die Kinder sitzen in bequemer Kleidung auf der Decke. Die Erzieherin lässt die Kinder unter das Tuch greifen. Sie fühlen und raten, was sich dort versteckt hat.

Durchführung: Die Erzieherin holt Pompom und erzählt folgende Geschichte.

Endlich, vor zwei Tagen, ist Pompom vier Jahre alt geworden. Er ist nicht nur ein ganzes Stück gewachsen, sondern in diesem Jahr hat er auch viel gelernt. Er ist gar nicht mehr so tollpatschig. Zwar kleckert er manchmal noch, wenn er sich die Milch eingießt, oder fällt hin, wenn er balancieren will, aber er spürt, dass jetzt schon alles viel leichter geht. Nur beim Purzelbaumschlagen, da kann er noch nicht mitspielen. Dafür kann er jetzt richtig die Treppe hinuntergehen, einmal auf einem Bein hüpfen und sogar von einem Hocker springen. Er ist stolz auf sich und das Springen und Hüpfen macht ihm viel Spaß. Doch in seiner Hängematte, da liegt er immer noch am liebsten. Dort träumt er davon, was er alles macht, wenn er einmal groß ist. Seine zwei Geschwister holen ihn nun viel öfters zum Spielen als sonst. Bei gutem Wetter strolchen sie draußen herum, und wenn es einmal regnet, dann sitzen sie in ihrer Höhle, schneiden Bilder aus oder formen aus Matsche Kugeln und Schlangen. Pompom findet es toll, vier Jahre alt zu sein, und genießt jeden neuen Tag.

Schluss: Die Geräte werden aufgebaut und die Kinder können nun klettern, springen, balancieren und mit dem Ball spielen genau wie Pompom.

Spiele zur Verbesserung der Feinmotorik

Ein Kreis, ein Kreis und noch zwei Ohren – Malgeschichte

Anzahl: Einzelangebot / Kleingruppe bis 6 Kinder
Ort: am Tisch

Material: ein Bogen weißes Tonpapier, für jedes Kind einen braunen, schwarzen und grünen Wachsmalstift, mehrere Malblätter

Hinführung: Die Kinder sitzen am Tisch. Darauf liegt ein Bogen weißes Tonpapier, ein brauner, schwarzer und grüner Wachsmalstift. Die Erzieherin lädt die Kinder nun zu einem gemalten Bilderrätsel ein.

Durchführung: Entsprechend dem folgenden Text malt die Erzieherin auf dem Tonpapier einen Hasen.

Variation: Im Ruheraum, in einer beruhigenden Atmosphäre, kann diese Geschichte als Körperspielgeschichte eingesetzt werden. Dabei finden sich immer 2 Kinder zu Paaren zusammen. Ein Kind malt mit seinem Finger auf den Rücken des anderen.

Komm, sei nun einmal ganz, ganz leise,
mein Stift, der macht nun eine Reise.
Ein Kreis, ein Kreis und auch zwei Ohren,
Die Dinge auf das Blatt malen / die Dinge auf den Rücken des Kindes malen.

ein neues Tier, es wird geboren.
Die Beine braucht das Tier zum Laufen,
Pfoten malen.

zum Hüpfen und auch zum Verschnaufen.
Es bekommt noch ein Gesicht
Ein Gesicht malen.

und Augen, denn sonst sieht es nicht.
Augen malen.

Sei ganz still, mach keinen Krach,
ich puste dieses Tier nun wach,
Auf das Bild pusten / über den Rücken pusten.

das Tier, es ist ein kleiner …
Die Kinder rufen das Ergebnis:
Hase.

Er sitzt vergnügt im weichen Grase.
Gras unter den Hasen malen.

Schluss: Nach einem kurzen Gespräch bekommen die Kinder Malblätter und Stifte und malen mit Hilfe der Geschichte einen Hasen.

Komm, und schau dir einmal an – Fingerspielgeschichte

Anzahl: Einzelangebot, Klein- oder Großgruppe
Ort: beliebig

Material: entfällt

Komm, und schau dir einmal an,
was aus der Faust so werden kann.
Eine Faust machen, die andere Hand liegt auf dem Rücken.

Ganz langsam recken sich die Finger,
Ein Finger nach dem anderen aus der Faust lösen.

es sind ganz zappelige Dinger.
Mit den Fingern zappeln.

Sie zappeln hin und zappeln her,
Mit den Fingern hin und her zappeln.

das Klettern mögen sie so sehr.
An seinem eigenen Arm hochklettern.

Die fünf, die sind nicht gern allein,
Die Finger still halten.

sie laden sich oft Freunde ein.
Die Finger der anderen Hand zeigen.

Auch sie sind zappelig und munter,
Mit den Fingern zappeln.

laufen den Berg schnell rauf und runter.
Mit den Fingern den gegenüberliegenden Arm hoch- und runterlaufen.

Zehn Freunde können vieles tun,
Die Finger der beiden Hände still halten.

sie können laufen, klettern, ruhn.
Mit den Fingern laufen, die Beine hochkrabbeln und sie auf die Oberschenkel legen.

Sie sind täglich nett zu mir,
was sie dann machen, zeig ich dir.
Sich im Gesicht oder an einem anderen Körperteil streicheln.

Sie können aber noch viel mehr,
schau darum noch einmal hierher.
Sie waschen und massieren mich,
Sich waschen und massieren.

sie waschen und massieren auch dich.
Das Nachbarkind waschen und massieren.

Sie ziehn mich an, sie ziehn mich aus,
Sich pantomimisch an- und ausziehen.

tragen die Schuh für mich ins Haus,
Pantomimisch darstellen.

Sie malen auch ein Bild für dich,
Pantomimisch darstellen.

sie schmieren auch ein Brot für mich.
Pantomimisch darstellen.

Meine Finger mag ich sehr,
Sich die Finger anschauen.

die geb ich niemals wieder her.
Doch ich glaub, sie brauchen Ruh,
Finger still halten.

drum mach ich meine Hand nun zu.
Fäuste machen.

Schluss: Ein Gespräch mit den Kindern führen. Wozu und warum brauche ich meine Finger? Nun werden pantomimisch oder auch aktiv Fingertätigkeiten vorgestellt und erraten (Schneiden, malen, streicheln, etwas einpacken, etwas aufhängen usw.).

Spiele mit den Füßen

Anzahl: Einzelangebot / Kleingruppe
Ort: Gymnastikraum

Material: Papiertaschentücher, Zeitungspapier, für jedes Kind ein Seil, ein kleines Handtuch und ein Materialschälchen, verschieden große Perlen und Kugeln, Tischtennisbälle, Luftballons, eine große Decke, Tamburin, Watteballe, ein Stempel aus der Bastelecke

Raumvorbereitung: Die Decke wird in eine Raumecke und das Material griffbereit gelegt.

Hinführung: Die Kinder sind leicht bekleidet und sollten diese Spiele barfuß mitmachen. Sie setzen sich auf die Decke. Sie werden gebeten, das folgende kleine Rätsel zu lösen.

Was ist das?
Ich kann darauf stehen, ich kann damit gehen,
auch bringen sie mich fort, nach hier und nach dort.
(Füße)

Die Kinder sollen nun ihre eigenen Füße betrachten, sie berühren, sie bewegen und andere Dinge im Sitzen mit ihnen machen (trampeln, zappeln, damit winken usw.). Dann sagen sie mit dem folgenden Vers ihren Füßen »Guten Tag«.

Guten Tag, mein lieber Fuß,
ich schicke dir nun einen Gruß,
Den Fuß streicheln.

ich begrüß auch jeden Zeh,
Jeden Zeh anfassen.

an diesem Fuß, mit dem ich geh.
Den Vers wiederholen und das Gleiche mit dem anderen Fuß machen.

Meine Füße wollen stehen,
Jedes Kind stellt sich.

sie wollen ganz schnell mit mir gehen.
Jedes Kind geht auf der Stelle.

Sie bringen mich auch fort,
Die Kinder laufen durch den Raum.

nach hier und da und dort.
Die Kinder laufen durch den Raum und setzen sich wieder auf die Decke.

Ich streichel sie jetzt noch zum Schluss,
weil ich sie belohnen muss.
Die Kinder streicheln ihre Füße.

Durchführung: Nun experimentieren die Kinder mit ihren Füßen, d.h. sie hüpfen, springen, trippeln, gehen auf der Ferse usw. Dann denkt sich jedes Kind eine Gangart aus und alle führen sie gemeinsam durch.

Danach können einige der genannten Fußspiele gemacht werden. Vorschläge der Kinder berücksichtigen!

Fußspiele

- Mit den Füßen trippeln, wippen, auf der Hacke oder der Spitze gehen, Füße über den Boden schieben usw. (vorwärts/rückwärts).
- Nach Tamburintakt auf den Zehenspitzen, dem ganzen Fuß oder der Hacke gehen (vorwärts/rückwärts).
- Ein Taschentuch mit den Füßen zerreißen, hochheben usw.
- Papier mit den Füßen zu einem Ball zerknüllen, ihn mit den Füßen rollen usw.
- Ein Handtuch mit den Füßen zusammenlegen, tragen usw.
- Einen aufgeblasenen Luftballon unter den Fußsohlen hin und her bewegen, mit den Fußsohlen halten und mit den Füßen in die Luft führen usw.
- Perlen und Kugeln, Wattebälle mit den Füßen aufheben und in ein Schälchen legen.
- Tischtennisbälle unter den Füßen hin und her rollen, sie mit den Füßen tragen und wegstoßen usw.
- Auf einem Seil balancieren (dabei verschiedene Formen legen und dann balancieren), das Seil mit dem Fuß hinter sich herziehen usw.

Schluss: Lied
Wollt ihr wissen, wollt ihr wissen
(Melodie: Wollt ihr wissen …)

Wollt ihr wissen, wollt ihr wissen,
was die beiden Füße machen.
Ja, sie wippen, ja, sie wippen und stampfen dazu.

Weitere Strophen erfinden die Kinder.

Die Kinder treffen sich wieder auf der Decke und können über ihre gemachten Erfahrungen sprechen und dann bekommt jeder Fuß einen Fitnessstempel (Stempel aus der Bastelecke).

Spiele zur Verbesserung der Körperkontrolle

Turnspiele zur Schulung des Gleichgewichtes

Anzahl: Kleingruppe
Ort: Gymnastikraum

Material: alle zur Verfügung stehenden Geräte, an denen man sein Gleichgewichtsgefühl erproben kann, z.B. eine Leiter, eine Bank, Kästen, Hüpfbälle, Seile, quadratische Matten, Rollbretter, Tamburin, eine Decke, ein Abdecktuch, ein großer Pappkarton

Vorbereitung: Das Kleinmaterial liegt in dem Pappkarton und steht mit dem übrigen Material griffbereit. Die Decke liegt in einer Raumecke.

Hinführung: Die Kinder nehmen in leichter Turnbekleidung auf der Decke Platz und die Erzieherin sagt, dass sie nun gemeinsam einen kleinen Spaziergang machen wollen, auf dem sie einige bekannte und unbekannte Tiere treffen werden.

Durchführung: *Gemeinsam machen wir uns nun hüpfend, springend und laufend auf den Weg.*

Die Kinder hüpfen, springen und laufen durch den Raum, ohne ein anderes Kind zu behindern.

Auf einmal sehen wir eine Entenschar. Sie laufen mit großen Schritten und großen Flügelschlägen hintereinander her.

Die Erzieherin bittet die Kinder, gemeinsam im Parademarsch mit bewusstem Arm- und Beinschwung durch den Raum zu gehen. Dabei können sie sich ein wenig umschauen.

Mitten auf einer Wiese stehen große Vögel. Es sind Kraniche. Sie stehen auf einem Bein.

Die Kinder stellen sich, so lange es geht, auf ein Bein.

Als wir weitergehen, entdecken wir vor uns einen Frosch. Er springt auf und verschwindet dann im hohen Gras.

Die Kinder springen mit geschlossenen Beinen, so lange sie können.

Ein ganz fremdes Tier, ein Känguru, hat sich auf der Wiese verlaufen. Mit beiden Beinen hüpft es vor uns her und ist auch schon wieder verschwunden.

Die Kinder hüpfen wie ein Känguru, so lange sie können.

O je, es ist schon dunkel und wir können nun nichts mehr sehen. Vorsichtig tapsen wir über die Wiese und machen uns auf den Heimweg.

Die Kinder gehen nun mit geschlossenen Augen so lange durch den Raum, wie sie sich gut dabei fühlen.

Schluss: Auf ihrer Decke angekommen, berichten sie von ihren Empfindungen und Schwierigkeiten, die sie mit ihrem Gleichgewicht hatten. Nach dieser Bewegungsgeschichte werden die Geräte zur Gleichgewichtsschulung bereitgestellt und die Kinder üben daran. Dabei werden Ideen und Vorschläge von den Kindern vorgestellt und von allen anderen ausprobiert.

Spielbeispiele:
- über eine liegende Leiter balancieren
- über die Breit- und Schmalseite einer Bank balancieren
- von einem Kasten zum anderen gehen/springen
- von einem Kasten hinunterspringen/auf einen Kasten steigen/springen
- auf Rollbrettern sitzend geschoben werden/mit einem Seil gezogen werden
- über ein Seil balancieren usw.

Die Zwerge Zwick und Zwack – Mitmachgeschichte

Anzahl: Kleingruppe / Großgruppe
Ort: beliebig

Material: entfällt

Vorbereitung: Die Erzieherin malt 2 Zwerge auf einen festen Karton. Dieser wird (nach Anzahl der Kinder) in Puzzleteile zerschnitten.

Hinführung: Die Kinder setzen die in der Kreismitte liegenden Puzzleteile zusammen.

Durchführung: Die Erzieherin stellt die Zwerge als Zwick und Zwack vor, erzählt die folgende Geschichte und führt die entsprechenden Bewegungen aus.

Jedes Jahr, wenn der Frühling ins Land zieht, machen sich die beiden Zwerge Zwick und Zwack auf den Weg, um in ihrer näheren und weiteren Umgebung die Frühlingsblumen zu versorgen. Sobald die Sonne sie weckt, recken und strecken sich Zwick und Zwack,

Sich recken und strecken.

waschen sich,

Den ganzen Körper mit den Händen abstreifen.

ziehen sich an,

Pantomimisch darstellen.

essen ein Brot mit frischen Gänseblümchen,

Pantomimisch darstellen.

trinken ein Glas frisches Quellwasser

Pantomimisch darstellen.

und holen Hacke, Harke und eine Gießkanne aus dem Schuppen. Zwack schließt die Tür

Mit den Händen auf die Oberschenkel schlagen.

und dann marschieren Zwick und Zwack los.
Auf der Stelle laufen.

Schnell geht's nun voran.
Pantomimisch schnell laufen.

Zwick und Zwack machen unterwegs oft ein kleines Wettrennen. Wie der Blitz rennen sie durch den Wald,
Schnell auf der Stelle laufen.

springen über Wurzeln und Baumstämme,
Einmal hochspringen.

klettern sogar bis oben in die Spitze einer großen Tanne.
Mit den Fingern von den Füßen bis auf den Kopf laufen.

Oben angekommen springen Zwick und Zwack in einem Satz von dem Baum
Mit den Händen schnell auf den Fußboden schlagen.

und laufen dann weiter.
Auf der Stelle laufen.

Endlich entdecken Zwick und Zwack eine in allen Farben leuchtende Frühlingswiese. Schnell laufen sie dorthin.
Schnell auf der Stelle laufen.

Nun haben Zwick und Zwack viel zu tun. Zwick hackt und harkt den ganzen Tag und Zwack gießt die Blumen und zupft sie vom Wildkraut frei, damit sie besser wachsen können.
Alle Tätigkeiten pantomimisch darstellen.

Den ganzen Tag müssen Zwick und Zwack hart arbeiten. Am Abend gehen Zwick und Zwack ganz langsam nach Hause.
Die Füße über den Boden ziehen.

Sie gähnen,
Laut gähnen.

denn die Arbeit an der frischen Luft hat sie sehr müde gemacht. Aber da entdecken sie einen großen Baum, auf den wollen sie noch einmal hinaufklettern.

Mit den Fingern von den Füßen bis auf den Kopf krabbeln.

Oben angekommen springen Zwick und Zwack wieder auf den Waldboden.

Mit den Händen auf den Boden schlagen.

Doch jetzt sind sie wirklich müde und machen sich ganz langsam auf den Heimweg.

Die Füße über den Boden ziehen.

Sie nehmen eine Abkürzung über eine Wiese,

Die Hände aneinander reiben.

auf der noch keine Frühlingsblumen blühen. In der Ferne entdecken Zwick und Zwack ihr kleines Zwergenhaus und gehen ein wenig schneller darauf zu.

Ein wenig schneller auf der Stelle laufen.

Ihre Gartengeräte stellen sie an der Tür ab, Zwick schließt die Tür

Mit den Händen auf die Oberschenkel schlagen.

und sofort gehen sie ins Bett. Und wenn wir nun ganz leise sind, dann hören wir Zwick und Zwack laut schnarchen.

Schnarchen.

Schluss: Die Erzieherin ruft in unregelmäßiger Reihenfolge die Worte Zwick und Zwack und bei Zwick stupsen sich die Kinder selbst mit dem Finger an einem Körperteil an und bei Zwack einen Nebenmann.

Variation: Diese Geschichte kann auch in einer beruhigenden Atmosphäre als Körperspielgeschichte durchgeführt werden.

Im Indianerland – Rhythmik

Anzahl: Großgruppe (12 Kinder)
Ort: Gymnastikraum

Material: je 4 rote, blaue, gelbe Sitzmatten, je eine Farbkarte in Rot, Blau und Gelb, 12 Stirnbänder aus Wellpappe, je 8 blaue, rote und gelbe Federn, 3 Tierbilder wie: Löwe, Bär, Schlange, Pfeife, Tamburin, eventuell Schminkstifte, ein großes Abdecktuch

Hinführung: Das Material liegt griffbereit und ist mit einem Tuch abgedeckt. Die Matten liegen dort, wo sie den Spielablauf nicht stören, in Kreisform auf dem Boden. Darauf nehmen die Kinder in leichter Turnbekleidung Platz.

Durchführung: Die Erzieherin lädt die Kinder zu einer Reise ins Land der Indianer ein und erzählt folgende Geschichte:
Im Land der Indianer, im Stamm bunte Feder, sucht Häuptling Hinkefuß einen Nachfolger. Er ist schon zu alt und möchte sich zur Ruhe begeben. Doch der neue Häuptling muss sehr flink sein und ganz schnell reagieren. Deshalb lädt er alle Indianer zu einem Spielfest ein. Er will dabei durch viele Spiele feststellen, wer sein Nachfolger werden kann.

Die Kinder werden nun in Indianer verwandelt. Sie können sich ein Stirnband und zwei gleichfarbige Federn aussuchen. Damit schmücken sie ihren Kopf. Sie sind nun Indianer und heißen Rote Feder, Blaue Feder, Gelbe Feder. Wer möchte, kann sich noch ein wenig schminken oder schminken lassen.

Reaktionsspiele zur Raumorientierung

Die Kinder gehen in einer selbst ausgesuchten Gangart (vorwärts, seitwärts, rückwärts, hüpfend usw.) durch den Raum, ohne ein anderes Kind in seiner Gangart zu behindern. Auf ein Signal (Pfeife) bleiben die Kinder stehen und begrüßen von ihrem Platz aus all die Indianer mit einer Verbeugung, die sie rechts, links, vor oder hinter sich sehen können. Nach dem nächsten Pfeifton gehen sie weiter. Das Spiel wird so lange durchgeführt, bis sich alle begrüßt haben.

Hör auf das Tamburin und reagiere!

Die Kinder holen ihre Sitzmatte und legen sie in den Raum. Nun zeigt ihnen das Tamburin die Gangart an:
Langsam schlagen = langsam gehen, schnell schlagen = laufen. Das Tamburin wird unterschiedlich geschlagen und dementsprechend laufen oder gehen die Kinder durch den Raum. Die Laufart wird schnell verändert, damit die Kinder ihre Reaktionsfähigkeit überprüfen können.

Variation: Eine dritte Gangart kann hinzugefügt werden (auf die Tamburinkante schlagen = auf einem Bein hüpfen). Wenn die Kinder Spaß an diesem Spiel haben, so können noch beliebig viele Gangarten dazukommen. Soll das Spiel beendet werden, so wird einmal fest auf das Tamburin geschlagen und alle Kinder setzen sich auf ihre Matte.

Achte auf die Farbkarte und reagiere!

Die Kinder sitzen auf ihrer Matte. Nun werden in unterschiedlicher Reihenfolge und in unterschiedlichen Abständen die Farbkarten hochgehalten. Daraufhin bewegen sich die Kinder, die auf der entsprechenden Matte sitzen, frei im Raum. Ein bewegter Wechsel zwischen Laufen und Ruhen fordert zur schnellen Reaktion auf.

Variation: Zusätzlich zur Farbe wird nun auch noch die Gangart bestimmt (z.B. rot = krabbeln, blau = auf einem Bein hüpfen, gelb = rückwärts laufen).

Rette sich, wer kann!

Die Kinder laufen durch den Raum. Die Erzieherin zeigt ein Tierbild und je nachdem, ob ein Löwe, ein Bär oder eine Schlange zu erkennen ist, laufen die Kinder fauchend, zischend oder brummend durch den Raum. Der Wechsel zwischen den Bildern erfolgt schnell, sodass die Kinder konzentriert agieren müssen. Versteckt die Erzieherin die Bilder hinter ihrem Rücken, stellen sich die Kinder wieder auf die Matte.

Variation: Die Kinder bewegen sich nun wie das gezeigte Tier durch den Raum, z.B. im Vierfüßlergang, stampfend oder auf dem Bauch kriechend. Dabei imitieren sie das jeweilige Tiergeräusch.

Wer wird Häuptling?

Die Kinder setzen sich auf ihre Matte und die Erzieherin erzählt den Schluss der Geschichte.

Der Häuptling ist ratlos. Alle Indianer sind sehr flink und könnten Häuptling werden. Doch es kann nur einen Häuptling geben und deshalb soll nun das Wettspiel entscheiden.

Danach wird eine Matte entfernt und nun laufen die Kinder nach Tamburinschlag durch den Raum. Ein fester Schlag fordert sie auf, schnell auf eine Matte zu laufen. Da eine Matte fehlt, bekommt ein Kind keinen Platz. Dieses entfernt wieder eine Matte und macht auf einer Bank eine Spielpause. Das Spiel geht in der Reihenfolge so lange weiter, bis nur noch ein Kind übrig ist. Dieses wird der neue Häuptling. Alle anderen Kinder schenken ihm nun eine Feder.

Schluss: Der neue Häuptling wird mit einem Lied und einem Tanz begrüßt.

Lied:
Wollt ihr wissen
(Melodie: Wollt ihr wissen ...)

Wollt ihr wissen, wollt ihr wissen, was Indianer gerne machen,
ganz laut stampfen, ganz laut stampfen, ja das machen sie gern.

Weitere Strophen erfinden die Kinder.

Einmal beugen – Bewegungslied

Anzahl: beliebig
Ort: Gruppenraum/Gymnastikraum

Material: entfällt

Melodie: Jörg Schnieder
Text: Ingrid Biermann

Spielhinweis: Die Kinder bewegen ihren Körper entsprechend dem Text. Das Lied beginnt mit dem Refrain.

Refrain: *Einmal beugen …*

Zappeln können meine Hände,
das Zappeln, das nimmt nie ein Ende.
Ich atme tief und fange dann,
frisch und vergnügt zu turnen an.

Refrain: *Einmal beugen …*

Beug mich nun ganz wach und munter,
immer wieder rauf und runter.
Ich atme tief und fange dann,
frisch und vergnügt zu turnen an.

Refrain: *Einmal beugen …*

So begrüß ich jeden Morgen,
so mach ich mir keine Sorgen.
Ich atme tief und fange dann,
frisch und vergnügt zu turnen an.

Refrain: *Einmal beugen …*

Spiele zur Sensibilisierung der Sinne und der taktilen Wahrnehmung

Ein Besuch in der Malschule Schmier – Kunterbunte Körperspiele

Anzahl: Kleingruppe
Ort: draußen / bei gutem Wetter

Materialien: hautfreundliche, mit etwas Wasser verdünnte Fingerfarbe in Spritzflaschen, Folie, Mülltüten, Wasserschlauch, Seife, Handtücher, ein großes Tuch, für jedes Kind eine kurze Sommer- oder Badehose

Hinführung: Die Kinder sitzen in einer kurzen Sommer- oder Badehose auf der Wiese. Das Material liegt griffbereit und ist mit einem Tuch abgedeckt. Die Erzieherin holt die Flaschen mit der Fingerfarbe und die Kinder suchen sich ihre Lieblingsfarbe aus. Davon bekommen sie einen Spritzer Fingerfarbe in eine Hand und können sich nun damit ihre Hände einschmieren. Wie eine Handcreme wird die Farbe auf den Fingern verteilt. Dabei sollen die Kinder von ihren Empfindungen berichten.
Mit Wasser und Seife wird die Farbe wieder abgewaschen und noch einmal können die Kinder erzählen, wie sie sich dabei gefühlt haben.

Durchführung: Die Erzieherin lädt die Kinder nun zu einer »schmierigen« Geschichte ein.

Bei Marie im Dorf gibt es seit einigen Wochen etwas ganz Tolles, nämlich eine ganz besondere Malschule. Sie heißt Schmier, und dort können alle, die gerne malen, schmieren und klecksen, nach Herzenslust mit Farbe spielen. Das ist aber noch nicht das Besondere an dieser Malschule. Hier wird nicht nur auf Blättern gemalt und nicht nur mit Pinseln gekleckst, sondern hier werden alte Fenster, Türen, große Holzbretter, Pappen, Folien und sogar die eigenen Körper angemalt und das nicht nur mit einem Pinsel, sondern auch mit Schwämmen, mit Rasierpinseln, Federn,

Wollknäueln und mit Händen und Füßen. Für Marie, die zu Hause schon immer gerne mit Farbe gekleckst, geschmiert und gemalt hat, ist diese neue Malschule natürlich besonders interessant. Darum geht sie auch sofort, nachdem ihre Freundin Tina ihr davon erzählt hat, in diese Schule. Als sie den Flur betritt, da ist sie schon begeistert. In der Malschule ist es kunterbunt, und in jedem Zimmer malen die Kinder mit ihren Händen und Füßen auf großer Folie, auf dem Fußboden und sich sogar gegenseitig ihre Körper bunt. Einige haben Folienkleider an. Diese werden bemalt und im Nu sind die Kinder in kunterbunte Farbenzwerge verwandelt. Fröhlich und ausgelassen singen sie das Lied von den Farbenzwergen.

Erzieherin singt das Lied mit einer Strophe.

Spiellied: Wir drehn uns im Kreise
(Melodie: Zeigt her eure Füße)

Wir drehn uns im Kreise,
kommt, schaut euch mal an,
was so ein bunter Farbenzwerg, ja heut so alles kann,
wir stampfen, wir stampfen wild umher,
ja, das ist, ja, das ist für uns heut gar nicht schwer.

Marie steht an der Tür und schaut zu. Frau Klecks, die Leiterin der Malschule, sieht Marie und lädt sie ein, mitzumachen. Das lässt sie sich natürlich nicht zweimal sagen. Schnell zieht sie sich bis auf ihre Unterhose aus und malt mit ihren Händen ihren Körper an. Nun ist auch sie ein Farbenzwerg und singt mit den anderen Kindern das Lied von den Farbenzwergen. So kunterbunt können Marie und die anderen Kinder am späten Nachmittag natürlich nicht nach Hause gehen. Deshalb gibt es jetzt noch eine Überraschung. In dem Haus ist ein großer Duschraum. Hier waschen die Kinder sich die Farbe wieder vom Körper. Das tut nicht nur gut, sondern sieht auch noch lustig aus, denn in den Abfluss fließt rotes, blaues, gelbes und grünes Wasser. Nach kurzer Zeit sieht Marie wieder genauso aus wie am Anfang. Doch eines steht für sie fest, morgen ist sie wieder in der Malschule und malt erneut mit Händen und Füßen.

Schluss: Ein riesiges Vergnügen, nämlich das gegenseitige Einschmieren des Körpers mit hautfreundlicher Fingerfarbe, kann dieses Angebot beenden. Eine anschließende Dusche mit dem Wasserschlauch ist auch ein besonderes Erlebnis. So erleben die Kinder ihren Körper auf eine ganz neue Art. Kinder, die nicht so viel Mut haben, können mit ihren Händen und/oder Füßen großflächig auf Folie malen.

Variation: Anstelle von Fingerfarbe kann auch Rasierschaum genommen werden.

Du liegst entspannt hier in dem Gras – Entspannungsgeschichte

Anzahl: Einzelangebot / Kleingruppe
Ort: draußen, auf einer Wiese

Material: entfällt

Hinführung: Auf einer gemeinsam ausgesuchten Wiese machen die Kinder barfuß einen Spaziergang. Mit all ihren Sinnen und mit ihrem ganzen Körper erforschen und entdecken sie dieses grüne Paradies. Dabei sollen sie viele Dinge sammeln und diese mit in den Kreis bringen. In einem Gespräch können sie ihre Barfußerlebnisse erzählen und ihre Wiesenschätze zeigen.

Durchführung: Die Kinder suchen sich auf der Wiese einen Platz aus, legen oder setzen sich und hören der folgenden Versgeschichte zu.

Du liegst entspannt hier in dem Gras,
es ist ganz weich, na, spürst du das?
Ich hab dir etwas zu berichten,
erzähl von meinen Grasgeschichten.

Die Bewegungen mit je zwei Fingern auf dem Rücken des Kindes durchführen.

Im Gras, da wohnt, ganz klitzeklein,
ein sehr junges Käferlein,

es krabbelt durch das frische Gras,
es sitzt auf dir, na, spürst du das?

Nun krabbelt es ganz flink und munter
an deinen Beinen rauf und runter.
Es krabbelt heut, so schnell es kann,
und fängt noch mal von vorne an.

Es krabbelt weiter immerzu,
es gönnt sich heut gar keine Ruh.
Doch plötzlich, krieg bloß keinen Schreck,
fliegt das Käferlein nun weg.

Die Bewegungen mit dem Zeigefinger auf dem Rücken des Kindes durchführen.

Ein Regenwurm legt Stück für Stück,
seinen Weg auf dir zurück.
Er zieht auf dir ganz große Kreise,
er ist dabei ganz, ganz leise.

Spüre genau, wo ist er nun,
doch jetzt, da will er etwas ruhn.
Auf dir zu kriechen machte ihm Spaß,
doch jetzt verschwindet er im Gras.

Die Bewegungen mit allen Fingern auf dem Rücken des Kindes durchführen.

Ein Tausendfüßler will nicht ruhn,
auch er hat heute viel zu tun.
Er krabbelt schon den ganzen Tag,
weil er das so gerne mag.

Er entdeckt dich in dem Gras,
dich zu verwöhnen macht ihm Spaß.
Er krabbelt auf dir hin und her,
das fällt dem Krabbeltier nicht schwer.

Spüre ihn und lieg ganz still,
weil er dir Freude schenken will.
Der Tausendfüßler will nach Hause,
er macht dort eine lange Pause.

Jetzt liegst du noch entspannt im Gras,
du hattest eben ganz viel Spaß.
Denkst an die Tiere, gehst nach Haus,
die Grasgeschichten sind nun aus.

Schluss: Körperspiel
Die Kinder bilden Paare. Ein Kind liegt und das andere spielt mit seinen Fingern die Bewegungen auf dem Rücken des liegenden Kindes nach. Die Geschichte gibt die Bewegungen vor.
Nachdem die Kinder ihre Gefühle und Empfindungen zum Ausdruck gebracht haben, wird ein Rollentausch vorgenommen und die Geschichte wird noch einmal erzählt.

Schnüffler am Werk – Rategeschichte

Anzahl: Kleingruppe / Einzelangebot
Ort: beliebig

Material: Wattebällchen, verschiedene ätherische Öle, gut riechende Lebens- und Genussmittel, Zeitungspapier, ein Tischtennisball, ein großes Abdecktuch

Hinführung: Das Material liegt griffbereit und die Kinder sollen folgendes Rätsel lösen.

Was ist das?
Sie sitzt mitten im Gesicht,
ohne sie hält die Brille nicht.
Sie riecht alles, sie ist schlau,
wie sie heißt, weißt du genau.
(Nase)

Ein Gespräch über die Funktion der Nase schließt sich an.

Durchführung: Die Erzieherin stellt den Kindern die Frage: »Kennt ihr die Schnüffler?«
Nachdem die Kinder versucht haben, diese Frage zu beantworten, erzählt sie folgende Geschichte.

Schnüffler wohnen im Wald. Wenn es regnet und wenn es matschig ist, sind die Schnüffler in ihrem Element. Sie laufen stundenlang durch den Wald und schnüffeln mit ihren dicken Nasen überall herum. Dabei wühlen sie mit ihren Nasen den feuchten Boden auf. Dort schnüffeln sie besonders gerne, denn dort riecht es nach Käfern, Würmern und anderen Insekten. Haben sie diese gefunden, werden sie sofort gefressen. Schnüffler sind immer auf der Suche nach etwas Fressbarem, denn sie werden nie richtig satt. Deshalb kommen ihre Nasen auch nie zur Ruhe. Ob in die Matsche, in den stacheligen Waldboden, in die sumpfige Wiese oder in den steinharten Acker, überall stecken sie ihre Nasen hinein und erschnüffeln dies und auch das. Je freier ihre Nase ist, umso besser können sie schnüffeln. Einen Schnupfen, den können Schnüffler gar nicht gebrauchen; denn mit einer verstopften Nase kann man nicht schnüffeln und dann finden sie nichts zu fressen. Manchmal schnüffeln sie so laut, dass Spaziergänger das Geräusch hören und ganz schnell diesen Ort verlassen. Denn wenn die Schnüffler sehr hungrig sind, dann sind sie auch sehr angriffslustig. Die Menschen erkennen sofort, wenn die Schnüffler wieder aktiv waren, denn dort, wo sie gewühlt haben, ist alles zertrampelt und umgewühlt. Wenn die Erde sehr feucht und matschig ist, haben die Schnüffler besonders viel Spaß, denn dann wird nicht nur geschnüffelt, sondern auch im Matsch gebadet. Vor Freude quieken und grunzen sie ganz laut. Schnüffler leben in großen Familien zusammen, und wenn du einmal in einem Wald bist und die Schnüffler hörst oder den durchwühlten Boden siehst, dann kehr lieber um; denn sicher ist sicher.

(Wildschwein)

Schluss: Die Kinder erraten, um welche Tierart es sich bei den Schnüfflern handelt. Danach werden Schnüffelspiele gemacht.

Gerüche erriechen

Kleine Wattebällchen werden mit ätherischen Ölen beträufelt. Die Kinder erraten den Geruch.

Geruchsmemory

Je zwei kleine Filmdosen werden mit gleich riechenden Nahrungsmitteln gefüllt. Die Kinder sollen nun die Pärchen herausfinden.

Geruchsspuren folgen

Mit duftenden Wattebällchen wird ein Weg gelegt. Die Kinder sollen mit verbundenen Augen den Geruchsspuren folgen.

Schnipselberg durchwühlen

Zeitungspapier wird zerrissen und zu einem Berg zusammengelegt. Mit der Nase sollen sie diesen Berg auseinander wühlen.

Nasenfußball

Die Kinder sitzen am Tisch und spielen sich den Tischtennisball mit der Nase zu (auch pusten ist erlaubt).

Nasenpantomime

Die Kinder stehen paarweise voreinander. Ein Kind macht mit der Nase eine Bewegung, das andere macht sie nach. Dann werden Rollen und Partner getauscht.

Nasenmassage

Die Kinder nehmen ihre Nasenflügel zwischen die Finger und massieren sie (tippen, reiben, drücken usw.).

Erfinden Sie weitere Nasenspiele; denn wer lernt, vernünftig zu atmen, fühlt sich wohl. Tiefe Atmung verbessert das Körpergefühl.

Spielideen für die Fünfjährigen

Mit fünf Jahren ist die Entwicklung des Kindes nun schon so weit fortgeschritten, dass es Bewegungen problemlos miteinander kombinieren und hintereinander selbstständig durchführen kann. Es kann laufen und springen, fangen und werfen, drehen und hüpfen, steigen und balancieren usw. Es mag tänzerische Bewegungen und kann Entspannungs- und Körpermassagen gut aushalten. Es bringt sich oft und gerne in Höchstform und mag es, sich in Ruhe und Aktivität zu spüren. Fortschritte in der Entwicklung der Grob- und Feinmotorik, der Wahrnehmung, des Gleichgewichts, der Konzentration und der Sozialerfahrung haben das Körperbedürfnis und das Körperbewusstsein des Kindes gefestigt und positiv zu seiner Persönlichkeitsentwicklung beigetragen. Das Kind ist selbstbewusster und traut sich immer mehr zu. Es kann tief, hoch und weit springen, hoch, weit und zielgerichtet werfen, es kann sich vorwärts rollen und sich so in jeder Lage spüren und erleben. Seine Neugierde und sein Erprobungsdrang sind nicht zu bremsen und viele Dinge will das Kind nun noch intensiver allein probieren, um dann daraus seine Erfahrungen zu ziehen. Dieses Kapitel bietet Ihnen Hilfen an, mit denen Sie die Bedürfnisse der Fünfjährigen spielerisch unterstützen können.

Handball, Fußball, Tor

Anzahl: Kleingruppe
Ort: Gymnastikraum

Material: ein Bär als Handpuppe, für jedes Kind einen Gymnastikball, Basketballring, Torwand/Fußballtor (oder Stäbe, mit denen ein Tor gestellt werden kann), eine Wolldecke, ein Abdecktuch

Hinführung: Die Kinder sitzen in bequemer Kleidung auf der Decke in einer Raumecke. Unter einem Tuch liegt die Handpuppe Bär auf der Decke. Die Kinder erfühlen den Gegenstand, der unter dem Tuch liegt.

Durchführung: Die Erzieherin holt Pompom und erzählt folgende Geschichte.

Pompom hat in den letzten Tagen entdeckt, dass er mit seinen Füßen nicht nur laufen, klettern oder springen, sondern auch wunderbar schießen kann. Er hat bisher dazu immer seinen leeren Honigeimer genommen und diesen dann in die Luft geschossen. Aber zu seinem fünften Geburtstag hat Pompom einen ganz dicken Fußball bekommen. Nun ist er nicht mehr zu bremsen. Er läuft an und schießt ihn dann so weit und so hoch er kann. Doch er kann damit noch viel mehr. Pompom ist schon so geschickt, dass er mit dem Ball zwischen zwei Bäume hindurchschießen, im Sitzen schießen und seit gestern sogar rückwärts schießen kann. Außerdem wirft Pompom den dicken Ball so weit und so hoch, dass er in der Luft aussieht wie ein kleiner Tennisball. Er wirft den Ball sogar rückwärts und zwischen seinen Beinen hindurch direkt in die Hängematte. Vor lauter Begeisterung vergisst Pompom sogar, in der Hängematte zu ruhen. Von weitem hört man ihn schon stampfen, prusten und vor Freude tief brummen. Pompom ist einfach nicht mehr zu bändigen. Seine zwei Geschwister kennen ihn gar nicht wieder, und wenn sie einmal den Ball haben wollen, machen sie etwas, worüber sich Pompom schrecklich ärgert. Sie legen sich in seine Hängematte. Wenn er das sieht, dann vergisst er seinen Fußball, jagt seine Geschwister aus der Hängematte, legt sich selbst hinein und lässt seine Geschwister mit dem Ball spielen.

Schluss: Die Geräte werden aufgebaut, die Bälle verteilt und die Kinder üben das Werfen und Schießen.

Spiele zur Förderung der Grob- und Feinmotorik

Es waren einmal zwei Füße – Bewegungsgeschichte

Anzahl: Kleingruppe
Ort: drinnen, eventuell Waschraum oder ein kleiner Nebenraum

Material: für je zwei Kinder eine Schüssel mit warmem Wasser, eine Seife, Fußcreme, Rasierpinsel als Fußpinsel, zwei Handtücher, zwei Gästehandtücher, ein Tablett, ein Hocker, zwei Stühle, zusätzlich einige Tomatenkisten oder Kartons mit feuchten Tüchern, Papier, Pappe, mit Steinen, Kastanien oder anderen Sachen, über die die Kinder barfuß gehen, Schmierseife, Mülltüten oder Folie, ein Schrubber, eine Schere, Kreppband

Hinführung: Je zwei Kinder sitzen vor einem Hocker auf einem Stuhl. Auf dem Hocker steht ein Fußpflegetablett mit den oben angegebenen Materialien. Die Erzieherin stellt ein Rätsel.

Was ist das?
Sie gehen mit mir, wohin ich will,
mal zappeln sie, mal stehn sie still.
Sie tragen mich von hier nach dort
und auch zu jedem andren Ort.
(Füße)

Ein Gespräch über die Aufgaben der Füße schließt sich an.

Durchführung: Die Erzieherin lädt die Kinder zu einer Fußgeschichte ein.

Es waren einmal zwei Füße. Sie trugen Tag für Tag eine schwere Last und gingen mit ihrem Herrn durch dick und dünn. Doch leider behandelte er die beiden Füße sehr schlecht. Jeden Morgen zog er ihnen zwei enge Schläuche über, steckte sie in zwei dunkle

Kästen und schnürte sie ganz fest zu. Dort mussten sie nun Stunde um Stunde bleiben, laufen, klettern, stampfen und wurden über steinige, matschige, glitschige und nasse Wege und Straßen getrieben. Manchmal spürten sie die Steine, die Erdklumpen und den Lehm hautnah und das tat ihnen weh. Oft mussten sie so lange laufen, klettern und rennen, dass sie in den engen Kästen anfingen zu schwitzen oder Blasen bekamen. Eines Morgens hatten sie so viele Blasen und waren so dick, dass sie nicht mehr in die Kästen passten. Ihr Herr musste nun mit ihnen im Bett bleiben. Die Schmerzen quälten ihn so sehr, dass Hilfe geholt werden musste. Jemand kam und stellte die Füße in eine Schüssel mit warmem Wasser. Dort wurden sie gewaschen, mit einem weichen Tuch abgetupft, mit einer kühlenden Creme eingerieben und massiert. Das tat gut. Auch ihrem Herrn schien dies zu gefallen. Er steckte seine gut riechenden Füße immer wieder aus dem Bett, um sie sich anzuschauen. Die Tage vergingen und täglich wurden die Füße verwöhnt. Sie durften oft barfuß laufen und nackt durch die Pfützen patschen. Nach einigen Tagen pflegte ihr Herr die Füße sogar allein und ohne fremde Hilfe. Sie wurden nun täglich von ihm gewaschen, eingecremt, massiert, in frische neue Schläuche gesteckt und saßen in Kästen, die herrlich bequem und weit waren. Ganz oft durften sie auch barfuß laufen. Blasen bekamen sie nie wieder und schwitzen mussten sie auch nicht mehr.

Schluss: Die Kinder ziehen sich ihre Schuhe und Strümpfe aus und legen diese in die Kreismitte. Sie können nun ihre Füße betrachten und sie den anderen Kindern vorstellen. Danach können sich einige Fußfühlspiele anschließen. Dazu gehen die Kinder barfuß durch die Tomatenkisten oder Kartons, in denen nasse Tücher, Steine, Blätter, Papprollen oder andere Dinge sind.
Ein etwas gewagtes Spiel kann sich anschließen. Dazu werden Mülltüten zu langen Streifen geschnitten und auf dem Fußboden befestigt. Darauf wird mit einem Schrubber Schmierseife verteilt. Nun können die Kinder barfuß über diese Schmierstraße marschieren. Danach lohnt sich eine Fußpflege und sie können sich gegenseitig oder allein ihre Schmierfüße pflegen (waschen, abtrocknen, eine erholsame Pinselmassage machen, eincremen, massieren). Zum Schluss kann jedes Kind einem anderen Kind die richtigen Strümpfe und Schuhe bringen.

Kreative Ideen für Hände und Füße

Anzahl: Kleingruppe
Ort: draußen, großer Waschraum oder Gymnastikraum, der leicht zu reinigen ist

Material: siehe einzelne Spielangebote

Hinführung: Die Kinder sollten pflegeleichte Kleidung tragen. Die einzelnen Materialien liegen griffbereit und die Kinder werden eingeladen, mit Händen und Füßen zu malen, zu schmieren und so Spuren zu hinterlassen.

Mit den Fingern Spuren hinterlassen

Material: pro Kind 1 Blatt Papier, Fingerfarben

Durchführung: Jedes Kind bekommt ein großes Blatt. Darauf kann es nun mit den Fingern und Fingerfarbe Farbspuren hinterlassen. Wege, Striche, Spiralen, Zick-Zack-Linien, aber auch Häuser oder andere gegenständliche Zeichnungen können auf dem Papier sichtbar werden.

Variationen: Es werden mit der linken Hand oder mit dem Mund Spuren gezogen.

Kreatives Gestalten mit Händen und Füßen

Material: für jedes Kind ein großes dickes Stück Tonpapier oder feste Kartonstücke, Gläser oder Dosen, verschiedene Fingerfarben, Servietten oder Papiertücher, angerührter Kleister

Durchführung: Angerührter Kleister wird mit Fingerfarbe vermischt. Mit Händen und Füßen wird das Gemisch auf das Tonpapier aufgetragen. Servietten oder Papiertücher werden zerrissen oder zusammengeknüllt und so in das Kleisterfarbgemisch eingearbeitet. Nach dem Trocknen sind herrliche Kunstwerke entstanden.

Variationen: Mehrere Kinder erstellen ein Bild und arbeiten kleine Steine, Muscheln, Fäden, Kordel usw. in das Bild ein.

Eindrücke hinterlassen

Material: für jedes Kind ein großes Stück dickes Tonpapier oder feste Kartonstücke, angerührter und mit Farbe eingefärbter, nicht zu flüssiger Gips, Korken, Tannenzapfen, Holzstücke, Stroh bzw. Heu, Wäscheklammern, Luftballons, kleine Plastikspielzeugteile, Papier und alles das, woraus eine »eindrucksvolle« Collage entstehen kann

Durchführung: Alleine, zu zweit oder in einer größeren Gruppe verteilen die Kinder mit Händen und Füßen auf der Pappe das nicht zu flüssige Gipsgemisch. Danach gestalten sie mit den vorhandenen Materialien eine eindrucksvolle Collage.

Ein Pappgebäude

Material: Tapetenkleister, verschiedene Pappröhren, leere Streichholz- und kleine Verpackungsschachteln, Farben oder Stifte

Durchführung: Die Kinder bauen mit dem bereitgestellten Materialien ein Gebäude und kleben es mit Kleister zusammen. Nachdem das Gebäude getrocknet ist, kann es angemalt werden.

Folienmalerei

Material: große, durchsichtige oder blaue Folie (Mülltüten), Fingerfarbe, Kleister, Gips, Klebstreifen

Durchführung: Mit Händen und Füßen können auf der Folie Bilder gemalt werden.

Variation: Ein Kind wird in Folie eingewickelt und diese fest verklebt. Der Folienkörper wird nun angemalt. Nacheinander werden nun alle Kinder eingewickelt und bemalt, bis zum Schluss jedes Kind eine bunte Mumie ist.

Schluss: Durch ein Foto kann diese Aktion später wieder in Erinnerung gerufen werden.

Geschicklichkeitsspiele für Hände und Füße

Anzahl: Kleingruppe
Ort: Gymnastikraum

Material: siehe einzelne Spielangebote

Hinführung: Das Material steht griffbereit und die Erzieherin lädt die Kinder ein, spielerisch die Geschicklichkeit ihrer Hände und Füße zu testen.

Dosen rollen

Material: pro Kind eine geschlossene Kaffeedose und ein Gymnastikstab oder Besenstiel, viele Seilchen

Durchführung: Mit den Seilchen werden zwei Straßen gelegt. Die Kinder werden in zwei Gruppen aufgeteilt und stellen sich mit einer Kaffeedose an den Start. Auf ein Signal hin rollt das erste Kind jeder Gruppe mit seinen Händen die Dose zum Ziel. Dann beginnt das zweite Kind usw. Wenn alle Kinder ihre Dose gerollt haben, ist das Spiel beendet. Welche Gruppe hat es zuerst geschafft?
Variationen:
– Dose mit den Füßen rollen
– Dose mit einem Gymnastikstab rollen
– zwei Dosen mit zwei Händen rollen

Wollknäuel rollen

Material: zwei gleich große Knäuel dicke Wolle oder Band, mehrere Seilchen

Durchführung: Mit den Seilchen werden zwei Straßen gelegt. Die Kinder werden in zwei Gruppen aufgeteilt und verteilen sich an Start und Ziel. Auf ein Zeichen hin rollt das erste Kind am Start das Knäuel auf dem Boden aus. Am Ziel wickelt das zweite Kind es wieder auf. Am Start rollt das dritte Kind es wieder aus usw. Welche Gruppe hat als erste ihr Knäuel ausgerollt und aufgewickelt?

Ballrennen

Material: für jedes Kind ein Gymnastikball, viele Seilchen

Durchführung: Mit den Seilchen werden zwei Straßen mit Kurven gelegt. Die Kinder werden in zwei Gruppen aufgeteilt. Auf ein Zeichen hin rollt das erste Kind jeder Gruppe seinen Ball mit der Hand durch die kurvenreiche Straße. Am Ziel angekommen, rollt das nächste Kind seinen Ball los usw. Welche Gruppe ist zuerst am Ziel?

Autorennen

Material: zwei große Gummiautos, zwei gleich lange Schnüre, zwei ca. 30 cm lange Stäbe, viele Seilchen, Klebeband

Durchführung: Mit den Seilchen werden zwei Straßen gelegt. Die Schnur wird an dem Auto befestigt und das Ende der Schnur an den Stab geklebt. Das Auto steht am Straßenende. Am Straßenanfang stehen zwei Kinder und halten den Stab mit der befestigten Schnur in der Hand. Auf ein Zeichen hin muss nun jedes Kind das Band, so schnell es geht, aufwickeln und so das Auto zu sich ziehen. Wer hat es zuerst geschafft?

Magnetische Hände und Füße

Durchführung: Je zwei Kinder setzen sich dicht voreinander. Ein Kind ist der Magnet und hält dem anderen Kind die Handflächen entgegen. Das andere klebt sich daran, d.h. es drückt seine Hände an die Handflächen des Magneten. Nun setzt sich der Magnet in Bewegung und geht hoch, runter zur Seite, macht Kreise usw. Das Kind, was sich angeklebt hat, muss durch Druck versuchen, an den Händen des Magneten zu bleiben. Die Rollen werden getauscht.

Variation:

- Die Kinder setzen sich dicht voreinander und spielen das Spiel mit ihren Fußsohlen. Bitte Strümpfe ausziehen.
- Die Kinder spielen mit einer Hand oder einem Fuß das Magnetspiel.
- Die Kinder gehen als Magnete durch den Raum.

Der wandernde Ballon

Material: ein Luftballon, für jedes Kind 3 kleine Steine oder Bauklötze, eine Triangel oder eine Pfeife

Durchführung: Die Kinder bilden einen Kreis. Der Ballon wird aufgeblasen, verknotet und nun mit den Füßen im Kreis herumgegeben. Wer ihn fallen lässt, gibt ein Pfand ab (Stein oder Bauklotz).

Variation: Der Ballon wird schnell mit den Händen weitergegeben. Ertönt ein Signal (Triangel oder Pfeife), muss das Kind, welches den Ballon in der Hand hält, ein Pfand abgeben.

Schluss: Die Kinder, die ein Pfand abgegeben haben, müssen nun pro Pfandstein mit den Händen oder den Füßen etwas vormachen.

Spiele zur Unterstützung der Bewegungsfähigkeit

Wir machen es den Tieren nach – Bewegungsgeschichte

Anzahl: Gruppe mit 10 Kindern
Ort: Gymnastikraum

Material: 10 Zootiere aus Gummi, ein großes Tuch, eine Wolldecke, 2 Turnbänke, 5 Reifen, 3 Kästen oder Würfel, 6 Seile, 6 Gymnastikstäbe, Stabhalterungen, 10 Bambusstäbe, 12 kleine Rhythmikmatten, ein Kriechtunnel, eine Leiter, Kletterwand, viele Papiertaschentücher, eine Pfeife, Zeitungspapier, für jedes Kind zwei Kochlöffel

Raumvorbereitung: Alle Materialien liegen griffbereit. Die Decke liegt in einer Raumecke. Darauf liegt das Tuch, unter dem die Zootiere liegen.

Hinführung: Die Kinder sitzen barfuß auf der Decke. Die Erzieherin lädt sie zu einem Spaziergang ein. Wohin es geht, sollen sie durch die Lösung des Fühlrätsels selbst herausfinden. Jedes Kind versucht, ein Tier unter dem Tuch zu erfühlen, es unter dem Tuch wegzunehmen und den Ort zu nennen, an dem dieses Tier zu sehen ist.

Durchführung: Die Erzieherin erzählt folgende Geschichte. Zwischendrin werden die einzelnen Bewegungsstellen aufgebaut und dort die einzelnen Bewegungen durchgeführt.

Heute gehen wir in den Zoo. Dort wollen wir den Tieren in ihren Gehegen einen Besuch abstatten und sie ein wenig beobachten. Mal schauen, was die so alles können.
Direkt am Eingang des Zoos ist das Schlangenterrarium. Unzählige Schlangen schlängeln sich über Baumstämme, kriechen durch enge Rohre oder unter schmalen Brücken hindurch. Wir schauen ihnen ein wenig zu und versuchen, ihre Bewegungen zu imitieren.

Ein Gehege aus Bänken, Reifen, Kästen, einem Kriechtunnel und anderen engen, hohen und langen Geräten wird aufgebaut. Nun können die Kinder nach Herzenslust über, durch, unter, auf ein Gerät kriechen usw.

Nun gehen wir weiter durch den Zoo. Vor einem großen Teich bleiben wir stehen und bewundern die Störche, die regungslos auf einem Bein stehen und in der Gegend herumschauen.

Die Kinder stellen sich auf ein Bein und versuchen, so lange es geht, so stehen zu bleiben.

Mit einem Mal fliegen Fischreiher über uns hinweg. Sie sind gerade auf Fischfang. Wir setzen uns in die Wiese und schauen ihnen zu. Wer wohl die meisten Fische fängt?

Jedes Kind bekommt zwei Kochlöffel. Im Raum werden viele Papiertaschentücher verteilt. Auf ein Kommando (Pfeife) hin laufen sie los, heben mit den beiden Holzlöffeln ein Tuch (Fisch) auf und bringen es an eine Stelle im Raum. Dann fliegen sie wieder los, fangen wieder einen »Fisch« und bringen ihn an ihre gleiche Stelle usw. Wer hat die meisten Fische gefangen?

Nach dieser Pause gehen wir weiter und kommen zum Affengehege. Dort sind die Affen sehr munter. Sie klettern, springen, balancieren, zerreißen Zeitungspapier und knüllen es zusammen. Die Affen springen und klettern aufgedreht in ihrem Käfig herum.

Aus Turnbänken, der Kletterwand, Kästen und anderen Geräten, auf denen man herumklettern, balancieren oder von denen man springen kann, wird ein Affengehege aufgebaut. Auch Zeitungspapier und Papiertaschentücher liegen dort herum, welches die Kinder (Affen) mit ihren Füßen aufheben, zerreißen oder zerknüllen sollen. Nun können die Kinder noch eine Zeit lang frei nach Lust und Laune klettern, springen und balancieren.

Doch als die Mittagssonne den Affen zu heiß wird, verschwinden sie in ihrem Affenhaus und wir gehen weiter. Unser Ziel ist der Streichelzoo. Dort treffen wir Meerschweinchen und Hasen, die vergnügt miteinander spielen. Die Meerschweinchen rennen alle hintereinander über die dicken und dünnen Äste eines umgestürzten Baumes. Die Hasen hüpfen von einem Futternapf zum anderen und fressen sich an den frischen Möhren satt. Mittendrin stolziert der Pfau und zeigt, dass auch er balancieren kann.

Die Bänke werden so aufgestellt, dass die schmale Seite für die Meerschweinchen zur Verfügung steht. Dicke Seile liegen auf dem Boden, über die der Pfau balanciert, und Reifen werden so verteilt, dass die Hasen von einem Reifen in den andern hüpfen können. Nun spielen die Kinder Hasen, Meerschweinchen und Pfau und machen ihre jeweiligen Bewegungen nach.

Auf dem Weg zum Ponyhaus kommen wir noch bei den Elefanten vorbei. Schweren Schrittes gehen sie langsam von Stein zu Stein auf ihren vier dicken Beinen einen matschigen und steinigen Trampelpfad entlang, der durch ihr Gehege führt und sie in ihr Elefantenhaus bringt.

Mit kleinen Matten wird ein schmaler Pfad gelegt. Im Vierfüßlergang gehen die Kinder nun hintereinander über diesen Weg.

So, nun sind wir am Ponyhaus angelangt. Viele Ponys laufen heute ausgelassen auf der Wiese herum, springen über den kleinen Fluss, über Baumstämme und andere Dinge, die hier auf der Wiese liegen. Jeder kann nun eine Runde auf ihnen reiten.

Mit zwei Seilen wird ein Fluss gelegt. Mit Hilfe der Gymnastikstäbe und der Stabhalterungen werden kleine Hindernisse aufgebaut und jedes Kind bekommt einen Bambusstab. Nun spielen sie Ponyreiten und galoppieren oder springen durch den Raum.

Schluss: Der Spaziergang durch den Zoo ist beendet. Am Ausgang setzen wir uns alle noch einmal auf die Wiese (große Decke) und können über unsere Erlebnisse berichten.

Krabbeln, hüpfen, springen, laufen – Rhythmik

Anzahl: 12 Kinder
Ort: Gymnastikraum

Material: 12 lange Krepppapierbänder (3 in Rot, 3 in Grün, 3 in Blau, 3 in Gelb), eine Pfeife, 2 Bänke, 4 Hocker, 4 Kästen, 4 Stühle, eventuell 2 Tische, 4 Reifen, 6 Stäbe, 1 Leiter, eventuell 2-3 Matratzen oder ein Trampolin, eventuell 2 Luftmatratzen, Matten, eine Wolldecke

Hinführung: In leichter Bekleidung und barfuß gehen die Kinder zunächst durch den Gymnastikraum, um ihn in seiner Größe wahrzunehmen.
Dabei singen sie nach der Melodie:
»Zeigt her eure Füße« folgendes Lied:

Ich geh nun spazieren
und schau mir mal an,
was ich mit den Füßen, ja heut so alles kann.
Ich laufe, ich laufe, ich laufe schnell umher.
Ja, das ist, ja das ist, ja das ist gar nicht schwer.

Nun machen die Kinder weitere Vorschläge z.B.:
Ich hüpfe ... , ich gehe ..., ich springe ... usw. und singen dazu.

Durchführung: Die Kinder werden eingeladen, ihren ganzen Körper während des Liedes in Bewegung zu bringen. Dabei verändern sie das Lied und singen:

Ich geh nun spazieren
und schau mir mal an,
was ich mit dem Körper, ja heut so alles kann.
Ich zapple ... (oder: Ich hample ...)

In einem Gespräch können sie zusammentragen, auf welche Art der Körper sich bewegen kann. Einzelne Körperteile, wie Kopf, Schultern, Unterarm, Arm, Hand, Hüften, Bein, Fuß, der ganze Körper werden langsam in Bewegung gebracht. Die Kinder setzen sich auf die Decke und können erzählen, welches

Körpergefühl sie jetzt haben und wie es ihnen jetzt geht. Die Erzieherin erzählt den Kindern nun eine kurze Geschichte von den Menschen aus der bewegten Stadt.

In einer kleinen Stadt leben viele junge und alte, große und kleine Menschen friedlich zusammen. Das ist nichts Besonderes, meint ihr? Doch diese Menschen leben etwas anders als du und ich. Sie leben in der Stadt, in der immer alles in Bewegung ist und in der die Menschen nicht nur einfach gehen, so wie wir. Sie krabbeln, hüpfen, kriechen, springen zur Arbeit, in den Kindergarten, in die Schule oder auch in ihrer Freizeit. So wie sie sich bewegen, heißen auch ihre Straßen, Wege und Plätze. Die Menschen in der Kriechstraße kriechen von hier nach da. Die Menschen im Kletterweg klettern von hier nach dort, die Menschen aus dem Krabbelpfad krabbeln den ganzen Tag und die Menschen, die am Hüpfplatz wohnen, hüpfen von früh bis spät. So sind sie immer in Bewegung und einmal in der Woche treffen sie sich auch auf dem großen Marktplatz und dann kriechen, krabbeln, hüpfen und klettern sie froh durcheinander. Damit zum Schluss jeder noch weiß, wohin er gehört, tragen die Menschen farbige Bänder um ihre Köpfe, Arme oder um ihren Bauch. Am Abend krabbeln, kriechen, hüpfen und klettern sie zurück zu ihren Straßen, Wegen und Plätzen, um sich dann in ihren Wohnungen auszuruhen.

Die Kinder suchen sich ein Farbband aus. Dieses wird ihnen um den Kopf, Bauch oder Arm gebunden. Die Kinder mit den gleichen Farbbändern stellen sich zusammen. Die roten Kinder wohnen z.B. in der Kriechstraße usw. Nun können alle zunächst einmal zusammen durch den Raum kriechen, hüpfen, krabbeln, klettern. Danach ruhen sie sich aus und die erste Straße wird aufgebaut.

Die Kriechstraße

Material: verschiedene Bänke, Stühle, Tische, Kästen, Pfeife

Durchführung: Kästen, Bänke, Stühle, Tische werden in einer Raumecke zu einer Bewegungsstraße aufgebaut.
Die Kinder mit dem entsprechenden Farbband haben die Aufgabe, sich auf dieser Straße robbend, kriechend, schlängelnd vorwärts zu bewegen. Ertönt die Pfeife, beenden sie ihr Spiel und setzen sich auf die Decke.

Der Kletterweg

Material: verschiedene Bänke, Stühle, Kästen usw.

Durchführung: Die Geräte werden in einer anderen Raumecke zu einem abwechslungsreichen Kletterweg aufgebaut.
Die Kinder mit dem entsprechenden Farbband überwinden kletternd diese Hindernisse. Die Pfeife gibt das Signal zur Pause.

Der Krabbelpfad

Material: Reifen, Stäbe, Leitern und andere Geräte, die zum Durch-, Drunter- oder Drüberkrabbeln anregen

Durchführung: Die Kleingeräte werden in einer anderen Raumecke zu einem abwechslungsreichen Krabbelpfad aufgebaut. Die Kinder mit dem entsprechenden Farbband überwinden krabbelnd die Hindernisse. Die Pfeife gibt das Signal zur Pause.

Die Spring- und Hüpfwiese

Material: Matratzen, Trampolin, eventuell Luftmatratzen, Matten und andere Dinge, auf denen man springen oder hüpfen kann

Durchführung: Die Materialien werden zu einer Hüpfwiese aufgebaut. Die Kinder mit dem entsprechenden Farbband hüpfen und springen nun auf den verschiedenen Geräten herum.

Schluss: Die Kinder können nun überall einige Zeit klettern, krabbeln usw. Die Pfeife gibt an, wann dieses Spiel zu Ende ist. Die Kinder setzen sich auf die Decke und nun wird noch einmal das Bewegungslied gesungen und gespielt:

Ich geh nun spazieren ...
Danach können die Kinder über die einzelnen Spiele noch einmal sprechen und erzählen, wie es ihnen nun geht.

Spiele zur Verbesserung des Körpergefühles

Gleich spürst du was – Körperspiel

Anzahl: Einzelangebot / Kleingruppe bis 6 Kinder
Ort: Ruheraum / Gymnastikraum

Material: ein großes, grünes Tuch, Legematerialien, wie viele bunte Holzkreise, Stäbe, viele Pfeifenputzer, ein Rekorder mit ruhiger Musik, eine Lampe, für je zwei Kinder eine Decke, einige Kerzen in Gläsern, Streichhölzer, ein großes Abdecktuch

Hinführung: Die Decken sind in Kreisform gelegt, das grüne Tuch liegt in der Mitte, die restlichen Materialien liegen griffbereit und sind mit einem Tuch abgedeckt. Die Kinder sitzen zu zweit auf der Decke und betrachten das grüne Tuch. Sie sollen erzählen, woran sie dieses Tuch erinnert. Die Wiese wird nun thematisiert.

Durchführung: Die Erzieherin zündet die Teelichter an und lädt die Kinder nun zu einer Wiesengeschichte ein. Sie wird zunächst sehr ruhig und leise erzählt. Musik kann leise im Hintergrund gespielt werden. Danach erst folgt das Körperspiel.

Komm, bleib liegen, sei ganz still,
weil ich dich nun verwöhnen will.
Du liegst auf weichem, grünem Gras,
sei ganz still, gleich spürst du was.
Ein neuer Tag nimmt seinen Lauf,
der Wind, er macht ein Fenster auf.

Die Hände mit ihrer Außenkante auf dem Rücken aneinander legen und langsam auseinander ziehen.

Der Morgenhimmel, ach er weint,

Mit den Fingern über den Rücken laufen.

doch ganz geschwind die Sonne scheint.

Die Hände flach auf den Rücken legen.

Sonne, Regen und der Wind,

Die Hände flach auf dem Rücken liegen lassen, dann mit den Fingern über den Rücken laufen und leicht über den Körper pusten.

die drei sehr gute Freunde sind.
Sie wecken nun die Erde auf,

Noch einmal über den Rücken laufen, leicht pusten und die Hände ruhig liegen lassen.

das Wunder nimmt nun seinen Lauf.

Einige Sekunden keine Körperberührung durchführen.

Aus der Erde schiebt sich leise

Mit dem Finger langsam von einem Punkt aus über den Körper ziehen.

ein grüner Stiel, macht seine Reise.

Diese Bewegung langsam fortführen.

Er wächst und schlängelt sich empor,

Diese Bewegungen fortführen.

zwei Blätter trauen sich hervor.

Rechts und links an den Stängel zwei Striche malen.

Die Knospe ruht auf diesem Stiel,

Die Fingerspitzen der geschlossenen Hand auf dem Blütenstiel ruhen lassen.

ob sie heut noch blühen will?
Sie öffnet sich, zeigt ihr Gesicht,

Die Fingerspitzen langsam auseinander ziehen.

dreht ihre Blüte nun zum Licht.

Die Finger langsam auf der Stelle hin und her drehen.

der Wind, er wiegt sie hin und her,
die Blume, ja die mag das sehr.

Die gespreizte Hand leicht über den Rücken hin und her schieben.

Ich seh die Blume, pflück sie leise

Mit den Fingern eine Bewegung machen, die das Pflücken spürbar werden lässt.

und vorbei ist nun die Reise.
Der Wind, er macht sein Fenster zu,

Die Handkanten auf dem Rücken langsam von außen wieder zusammenschieben.

der Tag, er braucht nun seine Ruh.

Die Hände vom Rücken nehmen.

Du liegst entspannt, gehst auch nach Haus,
denn die Geschichte ist jetzt aus.

Schluss: Nach einem kurzen Gespräch üben die Kinder zunächst die Handbewegungen in der Luft (Fenster aufschieben/ Blüte wächst usw.) Danach machen sie das Körperspiel. Ein Kind legt sich auf den Bauch, das andere Kind kniet sich daneben. Es stellt den Text auf dem Rücken des liegenden Kindes dar. Die Erzieherin gibt noch einige Anweisungen. Danach ist Rollentausch. Sollten die Kinder noch Interesse haben, werden die Legematerialien bereitgestellt und nun können sie noch aus dem grünen Tuch eine Blumenwiese machen. Aus den Pfeifenputzern können wunderschöne Blumen, Tiere und andere Dinge geformt werden, die der Wiese ihr buntes Aussehen geben.

Meine Hand wird dich berühren – Lied

Anzahl: beliebig
Ort: Ruheraum / Gruppenraum

Material: Rekorder mit ruhiger Musik, ein schönes Tuch, einige Kerzen im Glas

Hinführung: Die Kinder sitzen im Kreis. In der Mitte liegt ein Tuch, auf dem viele Lichter stehen. Die Erzieherin bittet die Kinder, sich nun einmal bei ruhiger Musik selbst zu streicheln.

Nach dieser stillen Übung können sie über ihre Erfahrungen berichten.
Nun werden sie gebeten, sich für einen kurzen Augenblick die Hand zu reichen und mit geschlossenen Augen, bei ruhiger Musik, dieses Festhalten zu erspüren.
Danach stellen sich alle (auch die Erzieherin) im Kreis auf und drehen sich so, dass sie dem anderen Kind auf den Rücken schauen. Sie lauschen der Musik. Die Erzieherin beginnt das Spiel. Sie legt ihre Hand bei dem vor ihr stehenden Kind auf ein Körperteil (z.B. Arm, Rücken, Schulter). Sobald das Kind dieses spürt, legt es seine Hand bei dem vor ihm stehenden Kind auf ein Körperteil seiner Wahl (Oberschenkel, Po, Kopf usw.), und das Spiel wird so fortgesetzt, bis der Kreis geschlossen ist und alle das vordere Kind irgendwo berühren. Nach einigen Sekunden der stillen Berührung löst die Erzieherin sich vom Vordermann. Spürt das Kind dieses, löst es sich auch usw. Das Spiel ist beendet, wenn sich alle gelöst haben. Die Kinder setzen sich und können nun über ihre Erfahrungen sprechen.

Durchführung: Nun kann das Lied vorgestellt und gemeinsam erlernt werden. Dabei werden die Bewegungen zunächst auf dem eigenen Körper durchgeführt.

Melodie: Jörg Schnieder
Text: Ingrid Biermann

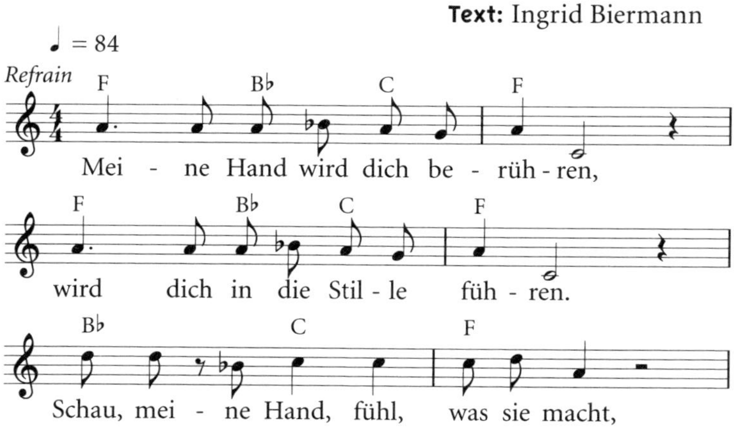

Refrain: *Meine Hand wird dich …*

Die flache Hand läuft hin und her,
ich weiß genau, das magst du sehr.
Sie läuft ganz schnell geradeaus,
sie läuft nun auch zurück nach Haus.
Refrain: *Meine Hand wird dich …*

Die Faust, sie trampelt hin und her,
ich weiß genau, das magst du sehr.
Sie trampelt schnell geradeaus,
sie trampelt nun zurück nach Haus.

Schluss: Die Kinder bilden Paare. Alle singen und jeweils ein Kind spielt das Lied nun auf dem Körper des anderen Kindes. (Rollentausch)

Spielideen für die Sechsjährigen

Im letzten Kindergartenjahr, also mit fast sechs Jahren, hat das Kindergartenkind keine Koordinationsprobleme mehr. Es springt wie ein Hampelmann, hüpft problemlos auf einem Bein und macht Wechselsprünge. Es weiß, was es kann und spürt, was es möchte bzw. nicht möchte. Es traut sich viel zu, ist selbstständig und möchte sein Erfahrungsfundament erweitern. Es möchte sich darstellen, sich vorstellen; denn sein Selbstvertrauen ist schon gefestigt. Es nimmt gern Neues auf und begibt sich mit Freude auf den Weg, Unbekanntes mit allen Sinnen zu erleben. Seine Persönlichkeitsentwicklung, sein Körperbewusstsein, sein Selbstwertgefühl sind gewachsen und haben es zu einem schulreifen Kind gemacht. Der Sprung vom Kindergarten zum Schulkind ist gemacht und die Erfolge zeigen sich auf allen Ebenen.
Begleiten Sie, liebe Erzieherin, noch einmal ganz bewusst ihre »Vorschulkinder« und erleben Sie mit ihnen das letzte Jahr, indem Sie die Herausforderung Ihrer Großen durch altersentsprechende Angebote unterstützen. Bringen Sie neue Elemente hinein und zeigen Sie Ihren Kindern, wie schön es ist, immer wieder neue Erfahrungen zu machen. Es gibt gemeinsam noch viel zu entdecken und Sie werden sehen, das letzte Kindergartenjahr vergeht wie im Flug.

Spiele zur Unterstützung des Körperbewusstseins

Mein Körper ist mein Freund – Lied

Anzahl: beliebig
Ort: Gymnastikraum

Material: einige beliebige Gymnastikgeräte, eine Decke, ein großes weißes Betttuch, ein Tamburin, einige Nahrungsmittel für eine Geschmacksübung (klein geschnittenes Obst, Nüsse, Brot usw.), zwei große Bogen weiße Pappe, viele verschiedene

Mode-, Ernährungs- und Gesundheitszeitschriften, mehrere kleine Karten mit Fragen zum Thema: Mein Körper (siehe unten), für jedes Kind einen Noppenball, eine Schere und Kleber

Vorbereitung: Alle Materialien liegen griffbereit und sind mit dem weißen Betttuch abgedeckt.

Hinführung: Die Decke liegt in einer Raumecke auf dem Boden und die Kinder nehmen darauf Platz. Die Erzieherin stellt ein Rätsel.

Was ist das?
Er ist groß oder auch klein,
er ist mal schmutzig und mal fein.
Er kann hüpfen, springen, lachen
und sonst noch viele Dinge machen.
Mit ihm geh ich den ganzen Tag,
bin nett zu ihm, weil ich ihn mag.
(Körper)

Nachdem die Kinder gemeinsam dieses Rätsel gelöst haben, können sie ihren Körper genau betrachten und erfühlen. Auch sachorientierte Themen können besprochen werden. Dazu legt die Erzieherin einige Fragekarten in die Mitte. Jedes Kind kann sich eine Fragekarte nehmen. Diese wird dann von der Erzieherin vorgelesen und gemeinsam beantwortet.
Beispiele für die Fragekarten:
Warum schmecke ich süß oder sauer? Warum kann ich mich bewegen? Wofür habe ich eine Haut? Woraus besteht mein Fuß? usw.

Nach diesem sachorientierten Gespräch können die Kinder Dinge erschmecken, sich nach einem Tamburinschlag bewegen, kleine, selbst erfundene Turnspiele machen (klettern, sich rollen, hüpfen usw.), sich mit einem Noppenball verwöhnen und Vorschläge mit einfließen lassen, mit denen sie ihr Körperbewusstsein verbessern.
Anschließend können sie berichten, wie sie sich fühlen und was ihr Körper gerne macht. Aber sie können auch überlegen und erzählen, was der Körper nicht so gerne hat, z.B. zu wenig Bewegung, zu viel Essen, zu wenig Schlaf, zu wenig Spaß usw.

Durchführung: Die Erzieherin stellt den Kindern nun das folgende Lied vor.

Melodie: Jörg Schnieder
Text: Ingrid Biermann

Mein Körper ist mein bester Freund,
ist für mich da und nicht nur heut.
Er bringt mich dorthin, wo ich will,
er liegt mit mir auch gerne still.

Er mag es, wenn man ihn verwöhnt,
bei zu viel Arbeit er leis stöhnt.
In ihm, da wohn ich Tag für Tag,
ich pflege ihn, weil ich ihn mag.

Ich hüpf und spring mit ihm umher,
ja, das fällt ihm heut gar nicht schwer.
Er mag gern toben und auch ruhn,
ich will ihm sehr viel Gutes tun.

Gesundes mag er sehr gern essen,
das darf ich auch niemals vergessen.
Dann fühlt er sich so richtig stark,
er fühlt sich so, wie ich es mag.

So einen Freund geb' ich nicht her,
denn dafür mag ich ihn zu sehr.
Ich will ihn pflegen, ihn versorgen,
dann macht er mir auch keine Sorgen.

Ein jeder hat so einen Freund,
sei gut zu ihm und nicht nur heut,
spür ihn und riech ihn, verwöhn ihn gut,
dann merkst auch du, wie gut das tut.

Schluss: Die Erzieherin legt nun die Scheren, die Kleber, die Zeitschriften und die beiden Bögen Pappe in die Mitte. Die Kinder können gemeinsam eine Collage zum Thema: »Was tut meinem Körper gut«, »Was tut meinem Körper nicht gut«, erstellen. Danach singen die Kinder noch einmal das Lied. Es kann von nun an immer dann gesungen werden, wenn Angebote für eine bewusste Körpererziehung gemacht werden.

Wir fliegen in die weite Welt – Erlebnisturnen

Anzahl: Gruppe bis 12 Kinder
Ort: Gymnastikraum

Material: eine Decke (die Dinge, die für die einzelnen Spiele gebraucht werden, sind bei den jeweiligen Spielen angegeben)

Raumvorbereitung: Alle Materialien zur Durchführung der einzelnen Spiele stehen griffbereit, die Decke liegt in einer Raumecke.

Hinführung: Die Kinder sitzen auf der Decke und die Erzieherin lädt sie zu einer kleinen Reise ein. Alle Kinder stellen sich hintereinander auf und das erste Kind (Pilot) fliegt mit ihnen durch den Raum. Bei dem Flug sollen die Kinder auf die Erde schauen und die Welt unter sich betrachten. Danach landen sie, setzen sich auf die Decke und können erzählen, was sie gesehen haben.

Durchführung: Nun lädt die Erzieherin die Kinder erneut zu einer größeren Reise ein. Gemeinsam fliegen sie nun dem Text entsprechend in die einzelnen Länder und führen dort die Spiele durch.

Materialien: 12 Reifen, 6 – 8 Kegel, 4 Stäbe, Tamburin, zwei Tortenplatten, 10 leere Pappbecher, zwei Turnbänke, 10 Matten, ein Beutel mit bunten Stoffquadraten, ein großes grünes Tuch, viele Holzklötze oder Holzbausteine, viele Tennisbälle, zwei Körbe, eine Pfeife, 12 kleine Kopftücher, eine Rassel, ein Schellenband, viele unterschiedliche Geräte zum Krabbeln, viele Matten

Text:

Wir fliegen in die weite Welt
und bleiben, wo es uns gefällt.
Dort wollen wir spielen, singen, lachen,
uns wieder auf den Weg dann machen.

Wir landen hier und da und dort,
der Düsenjet, der bringt uns fort.
Steigt alle ein, wir fliegen leise
und machen eine weite Reise.

Die Kinder stellen sich hintereinander auf, breiten ihre Arme aus und fliegen hinter dem Piloten her.

Schon haben wir das Ziel erreicht,
wir landen langsam und ganz leicht

Alle gehen langsam in die Hocke.

in Holland, wo die Tulpen blühn
und Menschen in Holzschuhen gehn.

Jetzt können die folgenden Spiele durchgeführt werden:

Käse zum Markt rollen

Material: für jedes Kind einen Reifen, 6 – 8 Kegel, 4 Stäbe, Tamburin

Durchführung: Die Kinder werden in zwei Gruppen aufgeteilt und stellen sich mit ihrem Reifen hintereinander an den Start. Er ist durch einen liegenden Stab gekennzeichnet. Vor ihnen ist ein Weg aus 3 oder 4 Kegeln aufgebaut und am Ziel liegt wieder ein Stab. Auf ein Kommando (Tamburin) rollt nun jeweils das erste Kind jeder Gruppe seinen Käse (Reifen) um die Kegel herum zum Ziel. Dort angekommen, stellt es sich hinter den Stab und nun rollt das nächste Kind los usw. Welche Gruppe hat zuerst ihren Käse zum Markt gerollt?

Touristen bedienen

Material: zwei Tortenplatten, 10 leere Pappbecher, zwei Turnbänke, 10 Matten, 2 Stäbe, Tamburin

Durchführung: Es werden zwei Gruppen gebildet. Ein Kind jeder Gruppe ist der Ober, der Rest sind die Touristen. Je 5 Kinder jeder Gruppe sitzen am Ziel auf den Matten. Am Start stehen für jeden Kellner 5 Becher. Auf ein Kommando (Tamburin) stellt jeder Kellner einen Pappbecher auf die Tortenplatte, läuft los, geht über die Turnbank und bedient einen Gast, läuft, ohne über die Turnbank zu gehen, zum Start, stellt wieder einen Becher auf die Tortenplatte und läuft wieder los usw.
Welcher Ober hat zuerst seine Touristen bedient?

Tulpen pflücken

Material: ein großer Beutel, viele kleine, bunte Stoffquadrate (Reste), ein großes, grünes Tuch, Tamburin

Durchführung: Die Stoffreste werden auf dem grünen Tuch verteilt (Tulpenfeld). Die Kinder laufen nach Tamburinschlag durch den Raum. Ruft die Erzieherin eine Tulpenfarbe, so laufen alle schnell auf die Wiese und pflücken eine entsprechende Tulpe, d.h. sie holen ein Stoffstück in der genannten Farbe. Die Kinder, die kein Stoffstück bekommen haben, spielen weiter mit. Das Spiel ist beendet, wenn alle Tulpen gepflückt wurden.

Steigt alle ein, wir fliegen leise,
weiter geht nun unsere Reise.
(Die Kinder fliegen wieder durch den Raum.)
Wir landen nun in einem Land,
es ist jedem hier bekannt.

In Spanien an dem weißen Strand,
wo Kinder spielen in dem Sand,
da landen wir, da ist es schön,
wollen uns dieses Land ansehn.

Jetzt können die folgenden Spiele durchgeführt werden:

Sandturm bauen

Material: viele Holzklötze oder Holzbausteine

Durchführung: Die Kinder werden in zwei gleich große Gruppen aufgeteilt. Jede Gruppe bekommt die gleiche Anzahl an Holzbausteinen. Diese liegen am Start. Die Kinder stehen in einer Reihe nebeneinander. Die Steine werden in der Reihe weitergereicht, das letzte Kind legt die Klötze zu einem hohen Turm aufeinander. Welche Gruppe hat als Erste ihren Turm fertig?

Stierfänger

Durchführung: Ein Kind ist der Stierfänger. Die anderen Kinder sind die Stiere. Der Stierfänger bestimmt die Gangart, die alle ausführen müssen. Die Stiere stehen auf der einen Seite des Raumes und der Fänger auf der anderen. Auf ein Kommando läuft der Fänger auf die andere Seite und versucht einen Stier zu fangen. Die Stiere müssen dabei auf die andere Seite des Raumes laufen. Hat der Stierfänger einen Stier gefangen, so ist dieser nun auch Stierfänger. So wird die Gruppe der Stierfänger größer und die der Stiere kleiner. Wer bleibt als letzter Stier übrig?

Zitronenernte

Material: 40 Bälle, z.B. Tennisbälle oder Softbälle, zwei Körbe, eine Pfeife, ein Seil

Durchführung: Der Raum wird mit einem Seil in zwei Felder geteilt. An jedem Feld steht ein Korb. Die Tennisbälle werden darin gleichmäßig verteilt. Die Kinder werden in zwei Gruppen aufgeteilt. Sie sind Zitronenpflücker und stellen sich an ihre Körbe. Auf ein Signal hin (Pfeife) läuft das erste Kind jeder Gruppe los und sammelt Zitronen ein, die in den Korb gebracht werden müssen. Ertönt das Signal (Pfeife) hat es seine Arbeit getan und das zweite Kind läuft los usw.
Wenn eine Gruppe zuerst ihre Arbeit erledigt hat, hören die anderen Kinder auch auf.

Steigt alle ein, wir fliegen leise,
weiter geht nun unsere Reise.
Die Kinder »fliegen« wieder durch den Raum.

Wir landen nun in einem Land,
es ist jedem hier bekannt.

Wir fliegen jetzt schnell in die Berge,
daneben sind wir Menschen Zwerge.
Schon landen wir in Österreich,
was man dort macht, das seht ihr gleich.

Jetzt können folgende Spiele durchgeführt werden:

Kühe treiben

Material: eine Rassel, ein Schellenband, Tesakrepp, Pfeife

Durchführung: Der Raum wird mit Tesakrepp in zwei große Felder geteilt. Die Kinder werden in zwei Gruppen aufgeteilt. Ein Kind jeder Gruppe ist der Kuhtreiber. Ein Kuhtreiber bekommt eine Rassel, der andere ein Schellenband. Die übrigen Kinder sind die Kühe und knien in einem Feld. Der Kuhtreiber holt auf ein Startzeichen (Pfeife) nun jede Kuh ab. Diese schließt die Augen und folgt nun im Vierfüßlergang dem Rassel- oder Schellenbandgeräusch des Kuhtreibers bis zu einem Feldrand. Hat ein Kuhtreiber alle Kühe nach Haus gebracht, dann hat auch der andere Kuhtreiber seine Arbeit erledigt. Wer hat alle Kühe zuerst zu Hause?

Berge erklimmen

Material: viele unterschiedliche Gerätepaare, über die man kriechen kann

Durchführung: Die Geräte werden in zwei gleichen Reihen aufgestellt und die Kinder in zwei Gruppen aufgeteilt. Sie bekommen die Aufgabe, auf ein Signal hin den Berg hinaufzuklettern, d.h. über die Hindernisse zum Ziel zu klettern. Hat ein Bergsteiger den Gipfel erreicht, beginnt der nächste zu klettern. Welche Gruppe ist zuerst auf dem Gipfel?

Heu wenden

Material: eine Pfeife, viele kleine Matten (Teppichfliesen) und für jedes Kind ein kleines Kopftuch, Tesakrepp

Durchführung: Mit dem Tesakrepp werden zwei große Felder auf den Boden geklebt. Die Matten werden dort gleichmäßig, mit der Teppichseite nach unten, verteilt. Die Kinder werden in zwei Gruppen aufgeteilt. Jedem Kind werden mit dem Tuch die Beine zusammengebunden. Die Gruppen stellen sich nun am Feldrand auf. Auf ein Signal hin (Pfeife) läuft das eine Kind los und dreht Matten um. Ertönt das Signal, so hat es seine Arbeit getan und das nächste läuft los usw.
Welche Gruppe hat zuerst ihr Heu gewendet?

Schluss:
Steigt alle ein, es geht zum Glück,
nun ganz schnell wieder zurück.

Die Kinder stellen sich hintereinander auf und »fliegen« durch den Raum.

Der Düsenjet bringt uns nach Haus,
denn unsere Reise ist nun aus.

Die Kinder setzen sich auf die Decke.

In einem Gespräch können die einzelnen Spiele noch einmal besprochen werden.

Am Strand – Darstellungsspiel mit Elementen aus dem Yoga

Anzahl: Großgruppe
Ort: Gymnastikraum / draußen

Materialien: zwei große, leichte, gelbe Tücher, ein großes, leichtes, blaues Tuch, ein Staubwedel, ein Bierdeckel, eine Luftpumpe, eine Glocke, ein Rekorder mit beschwingter Musik (z.B. Rondo Veneziano), für jedes Kind einen Stein

Mitspieler: je 4 Kinder spielen die Steine, die Wellen und den Sand, ein Kind übernimmt die Rolle der Sonne, des Windes und des Kindes

Raumvorbereitung: Das Material liegt griffbereit und ein großes, gelbes Tuch liegt auf dem Boden.

Hinführung: Die Kinder betreten ohne Schuhe den Raum und setzen sich im Fersensitz um das große, gelbe Tuch. Die Erzieherin fragt die Kinder, woran sie dieses Tuch erinnert. Ein Gespräch über Sand und das, was man am Strand alles findet, kann sich anschließen. Die Erzieherin verwandelt zunächst die Kinder in Sandkörner. Sie stellt sich vor jedes Kind, lässt das Glöckchen läuten.
(Yogaübung: Die Kinder beugen sich langsam nach vorne, legen die Stirn auf den Boden, legen die Arme rechts und links, mit nach oben geöffneten Handflächen neben dem Körper ab, lassen die Schultern fallen, schließen die Augen und atmen ruhig ein und aus.) Nach einiger Zeit berührt sie der Wind. *Die Erzieherin pustet mit der Luftpumpe jedem Kind Wind zu.* Die Kinder kommen langsam wieder in den Fersensitz, stehen auf und »fliegen« frei nach ihrer Fantasie durch den Raum. *Musik, z.B. von Rondo Veneziano, unterstützt diesen Sandkorntanz.* Die Musik wird langsam ausgeblendet und die Kinder setzen sich wieder um das Tuch.

Durchführung: Die Erzieherin bittet die Kinder, mit ihrer Hand eine Schale zu bilden und die Augen zu schließen. Dort hinein legt sie jedem Kind einen Stein. Die Kinder befühlen ihn und legen ihre Hand hinter den Rücken. Ertönt das Glöckchen, können sie ihre Augen öffnen. Auf ein Kommando der Erzieherin nennen alle gemeinsam das, was sie gefühlt haben. Die Steine werden gezeigt und auf das Tuch gelegt. Danach folgt ein Gespräch über Steine. Die Kinder können sich Steinspiele überlegen, die dann durchgeführt werden.

Steinspiele

Steinrollen:
Einen Stein durch den Raum, über eine Turnbank oder über eine Zeitungspapierstraße rollen.

Steinzielwurf:
Den Stein in einen Reifen werfen.

Steinmikado:
Die Steine dicht zusammenlegen. Danach nimmt jedes Kind einen Stein aus dem Steinhaufen, ohne dass sich ein anderer Stein bewegt.

Steinbild:
Gemeinsam legen die Kinder ein Bild mit den Steinen.

Im Anschluss daran setzen sie sich wieder im Fersensitz um das Tuch und nehmen die runde Steinhaltung an (Yogaübung siehe oben).
Nun lädt die Erzieherin die Kinder ein, sich in einige Steine zu verwandeln. Zunächst stellen sie einen spitzen Stein dar. (Yogaübung: Die Kinder sitzen mit aufrechtem Oberkörper auf ihren Fersen. Die Arme werden nun seitlich spitz nach oben gehoben und dabei wird eingeatmet. Die Finger werden zusammengelegt und beim Ausatmen langsam seitlich wieder runtergeführt.) Diese Übung sollte dreimal wiederholt werden.

Nun werden sie in einen langen Stein verwandelt. (Yogaübung: Die Kinder nehmen die Haltung des runden Steines ein. Ganz langsam schieben sie ihre Arme flach über den Boden und atmen dabei ein, dann schieben sie die Arme nach vorne, legen sich flach auf den Boden und atmen ruhig ein und aus. Danach ziehen sie sich langsam zusammen und nehmen die runde Steinhaltung an.)
Fühlen sie sich in dieser Lage wohl, so können sie so liegen bleiben. Ansonsten nehmen sie eine andere Körperhaltung ein, z.B. auf dem Rücken, auf der Seite, zusammengezogen usw. Danach lauschen sie der folgenden Geschichte.

Hinweis: Die Angaben in der Klammer sind für das anschließende Darstellungsspiel.

Am Strand, da liegt ein großer Stein,

> Das Kind, welches den Stein spielt, legt sich auf das gelbe Tuch.

doch er liegt dort nicht allein.
Dort liegen große und auch kleine,
auch spitze, runde, lange Steine,

> Drei Kinder, die auch Steine spielen, legen sich mit unterschiedlicher Körperhaltung dicht aneinander auf das Tuch.

liegen alle dicht an dicht,
sie liegen still und rühr'n sich nicht.

> Die Kinder liegen ganz still.

Der Wind, er streichelt jeden Stein,

> Das Kind, welches den Wind spielt, geht mit einer Luftpumpe zu den Kindern und pustet sie ein wenig an.

ganz gleich, ob dick, ob lang, ob klein.
Er berührt sie, ja und dann,
fangen sie zu träumen an.
Im Traum, da tanzen sie ganz sacht,
weil ihnen das viel Freude macht.
Der Wind, er bläst, er wird zum Sturm,

Das Kind, welches den Wind spielt, geht noch einmal mit der Luftpumpe zu jedem Kind und bläst ihm Luft zu.

Wellen hoch so wie ein Turm

Vier Kinder, die die Wellen spielen, halten an jedem Ende das große, blaue Tuch fest, stellen sich um das gelbe Tuch, gehen in die Hocke und bringen es nun durch langsames Schwingen in Bewegung.

werden groß und wieder klein,

Das Tuch auf und ab bewegen.

sie berühren jeden Stein.
Das Wasser platscht auf sie hernieder,

Das große Tuch so tief halten, dass die Kinder damit berührt werden.

es platscht und platscht nun immer wieder.

Die Kinder noch einmal mit dem Tuch berühren.

Der Sturm lässt nach, die Steine frieren,
die Sonne will sie nun berühren.

Das Kind, welches die Sonne spielt, berührt jeden Stein mit dem sauberen Staubwedel.

Die Steine spür'n das warme Licht,
sie fühl'n sich wohl, sie frieren nicht.
Sie sind erschöpft, sie brauchen Ruh,
der Sand, er deckt sie wärmend zu.

Vier Kinder halten das große, gelbe Tuch an den Ecken fest und legen es über die Kinder.

Der Wind, er pustet fort den Sand,

Das Kind, welches den Wind spielt, pustet mit der Luftpumpe Wind auf das gelbe Tuch und die vier Kinder nehmen das gelbe Tuch weg.

ein Kind, es kommt schnell angerannt
und sammelt alle Steine ein

Ein Kind berührt jeden Stein. Diese stehen auf und gehen vom gelben Tuch herunter. Alle Kinder setzen sich wieder um das gelbe Tuch.

und geht dann mit ihnen heim.
Der Strand ist leer, kein Stein liegt dort,
nur Sand bedeckt den schönen Ort.

Schluss: Die Rollen werden verteilt und die Geschichte wird nun dargestellt.

Die Feder- und Schäfchenatmung – Atemgymnastik mit Yogaelementen

Anzahl: Einzelangebot, Kleingruppe
Ort: Ruheraum

Materialien: ein Rekorder, ruhige, meditative Musik, eine sehr schnelle Tanz- bzw. Bewegungsmusik (ein aktueller Hit), ein Tuch, eine Kerze, mehrere bunte Federn, für jedes Kind ein Sitzkissen, eine Decke und ein kleines Plüschschäfchen (erhältlich im Spielwarengeschäft, das Schäfchen bleibt im Kindergarten und kann so immer bei der Schäfchenatmung verwendet werden)

Raumvorbereitung: Der Raum ist warm und leicht verdunkelt. Mit dem Tuch und der Kerze wird eine Mitte gestaltet. Die Decken und die Sitzkissen werden um die Mitte herumgelegt. Das restliche Material liegt griffbereit.

Hinführung: Die Kinder werden zu einem Tanz eingeladen. Sie sollen sich die folgende Musik anhören und dann entsprechend tanzen, springen, laufen. Ein aktueller Hit wird gespielt. Nach diesem sehr bewegten Tanz sollen die Kinder sich auf ihre Decke legen und so lange ganz ruhig ihre Atmung und ihren Herzschlag beobachten, bis sie sich erholt haben. Zur Unterstützung der Atmungserfahrung können sie die Hand auf ihren Bauch oder ihren Brustkorb legen. Wenn sie wieder ganz ruhig sind, setzen sie sich. In einem Gespräch wird die Atmungserfahrung ausgetauscht.

Tiefenatmung:
Nun werden sie zu einer Tiefenatmung eingeladen. Die Kinder legen sich entspannt auf die Decke, legen ihre Hände auf ihren Bauch und atmen nun ganz ruhig durch die Nase so tief ein und aus, dass ihre Hände sich leicht auf und ab bewegen. Ein Gespräch schließt sich an.

Federatmung:
Die Kinder bilden mit der Hand eine Schale und schließen die Augen. Dort hinein legt die Erzieherin ihnen eine Feder. Diese erspüren sie und verwöhnen nun damit an den Stellen ihren Körper, wo sie es als angenehm empfinden. Danach können sie von ihren Erfahrungen berichten. Nun halten sie ihre Feder dicht vor den Mund. Sie atmen tief ein und durch die Nase aus. Dabei beobachten sie die Bewegung der Feder. Jetzt wird sie langsam Stück für Stück immer weiter vom Mund entfernt und durch die intensive, im eigenen Rhythmus durchgeführte Ein- und Ausatmung wird beobachtet, wie lange die Feder mit der Atmung in Bewegung bleibt. Ein Gespräch schließt sich an.

Schäfchenatmung:
Die Feder wird auf das Tuch in der Mitte gelegt und die Kinder bilden noch einmal mit der Hand eine Schale. Dort hinein wird das Schäfchen gelegt. Dieses wird betrachtet und erfühlt. Danach legt sich jedes Kind auf die Decke und legt das Schäfchen auf den Bauch. Dieses wird im eigenen Rhythmus mit einer tiefen Ein- und Ausatmung in den Schlaf geschaukelt. Nach einer kurzen Zeit stellt die Erzieherin den Rekorder mit ruhiger Musik an und die Kinder entspannen sich im eigenen Atemrhythmus.

Durchführung: Nun werden sie zur Atemgymnastik eingeladen. Auch sie wird von leiser Musik begleitet.
Ausgangsstellung: Gerade stehen, die Füße stehen fest und sicher auf dem Boden, die Arme hängen locker rechts und links am Körper.

Ich atme tief in mich hinein,

Tief durch die Nase einatmen und die Arme so lange seitlich nach oben führen, bis die Fingerspitzen sich berühren.

ich atme aus, so soll es sein.

Langsam durch die Nase ausatmen, dabei die Arme seitlich nach unten führen und an den Körper legen.

Ich fang noch mal von vorne an,
weil ich das Atmen so gut kann.
Ich atme tief in mich hinein,

Während des Einatmens die Arme langsam seitlich auseinander führen und die Fingerspitzen oben leicht zusammenlegen.

ich atme aus, so soll es sein.

Langsam durch die Nase ausatmen, dabei die Arme seitlich nach unten führen und an den Körper legen.

Ausgangsstellung: Die Kinder knien. Der Oberkörper ist aufrecht.

Ich atme tief in mich hinein,

Tief durch die Nase einatmen und die Arme so lange seitlich nach oben führen, bis die Fingerspitzen sich berühren.

ich atme aus, so soll es sein.

Langsam durch die Nase ausatmen, dabei die Arme seitlich nach unten führen und an den Körper legen.

Ich fang noch mal von vorne an,
weil ich das Atmen so gut kann.
Ich atme tief in mich hinein,

Während des Einatmens die Arme langsam seitlich auseinander führen und die Fingerspitzen oben leicht zusammenlegen.

ich atme aus, so soll es sein.

Langsam durch die Nase ausatmen, dabei die Arme seitlich nach unten führen und an den Körper legen.

Ausgangsstellung: liegen

Ich atme tief in mich hinein,

Tief durch die Nase einatmen und die Arme so lange seitlich nach oben führen, bis sich die Fingerspitzen berühren.

ich atme aus, so soll es sein.

Langsam durch die Nase ausatmen, dabei die Arme seitlich nach unten führen und an den Körper legen.

Ich fang noch mal von vorne an,
weil ich das Atmen so gut kann.
ich atme tief in mich hinein,

Während des Einatmens die Arme langsam seitlich auseinander führen und die Fingerspitzen oben leicht zusammenlegen.

ich atme aus, so soll es sein.

Langsam durch die Nase ausatmen, dabei die Arme seitlich nach unten führen und an den Körper legen.

Leg ich die Hand auf meinen Bauch,
dann spür ich, er bewegt sich auch.
Ein und aus geht's von allein,
das Atmen wird stets bei mir sein.

Die Kinder bleiben liegen und beobachten ihre Atmung. Danach können sie in einem Gespräch ihre Erfahrungen austauschen.

Schluss: Die Kinder legen sich und in einer Tiefenentspannung bei ruhiger Musik können sie ihren eigenen Atemrhythmus finden.

Schwer wie ein Bär – Fantasiereise mit Elementen aus dem Autogenen Training

Anzahl: Kleingruppe
Ort: Ruheraum

Material: ein Rekorder mit ruhiger Musik, eine Feder, mehrere Tücher und weiche Stoffreste, einige Teelichter im Glas, für jedes Kind einen Kuschelbär und eine Decke

Hinführung: Jedes Kind setzt sich auf eine Decke, die in einem warmen, etwas verdunkelten und mit Teelichtern geschmückten Raum liegt. Sie haben ihren Kuschelbären auf dem Schoß. Jedes Kind kann ihn vorstellen und etwas dazu erzählen. Gemeinsam werden nun die Bewegungen und Gangarten der Bären nachgemacht. Alle erkunden stampfend und im Vierfüßlergang den Raum, kuscheln sich in ihrer Höhle (auf ihrer Decke) ein, klettern einen Baum hinauf oder schlecken ihren Honigtopf leer.

Durchführung: Die Kinder sitzen mit ihrem Teddy auf ihrer Decke. Die Erzieherin zeigt ihnen die Zauberfeder und sagt, dass sie gleich damit alle Kinder in kleine Bären verwandelt und ihnen dann eine wunderschöne Geschichte vom Bären Stampf erzählt. Der wohnt in einer Höhle und hat ein wunderschönes weiches Bett. Gemeinsam legen sie mit Tüchern und Stoffresten in der Kreismitte ein Bett. Jedes Kind legt sich mit dem Rücken auf seine weiche Decke und legt den Kuschelbären auf seinen Bauch. Die Kinder schließen ihre Augen und atmen tief und gleichmäßig durch die Nase ein und aus. So wiegen sie ihren Teddy in den Schlaf und kommen selbst zur Ruhe.
Ist ihre Atmung ruhig und fließend, dann geht die Erzieherin herum und berührt jedes Kind mit der Feder. Alle Kinder sind in Stampf, den kleinen Bären, verzaubert. Nun erzählt sie leise die folgende Geschichte:

In einer großen Höhle wohnt Stampf der kleine Bär. Seine Geschwister sind vor einigen Tagen zum Futtersuchen gegangen und bis jetzt noch nicht zurückgekommen. Stampf hat Hunger und darum will er sich alleine auf Futtersuche machen. Er traut sich aber gar nicht hinaus, denn draußen vor der Höhle lauern viele Gefahren. Doch Stampf macht sich Mut und sagt leise:
»Alles geht gut, denn ich habe Mut.« Diesen Satz sagt er noch einmal: »Alles geht gut, denn ich habe Mut.« Stampf merkt, dass die Angst verschwindet und macht sich auf den Weg.
Leise und mit schwerem Schritt geht er los. Schon nach wenigen Metern entdeckt er einen großen Busch. An ihm wachsen wunderschöne rote Beeren. Stampf hat Hunger, sein Magen knurrt und die roten Beeren locken ihn an. Stampf frisst und frisst und vergisst dabei die Zeit. Als es dunkel wird, macht er sich auf den Heimweg zu seiner Höhle. Auch jetzt verspürt er wieder ein wenig Angst und sagt seinen Satz:
»Alles geht gut, denn ich habe Mut.« Stampf spürt, dass es ihm besser geht. Unterwegs merkt er, dass er müde wird. Immer wieder bleibt er stehen und gähnt. Seine Beine und auch sein Kopf sind ganz schwer. Stampf freut sich auf seine Höhle und auch auf sein warmes Bett. So schnell er noch kann, läuft er nach Hause.
In seiner Höhle angekommen, macht er es sich auf seiner weichen Unterlage bequem. Noch einmal denkt Stampf an seine Geschwister und hofft, dass sie morgen wieder bei ihm sind. Stampf streckt seine Beine weit von sich, atmet tief ein und aus, spürt bei jedem Atemzug, wie sein ganzer Körper schwer wird.
Langsam hebt er ein Vorderbein. O, es ist ganz schwer und er legt es wieder ab. Dann hebt er das andere Vorderbein. Auch das ist schwer und Stampf legt es wieder ab. Nun will er schauen, ob auch die Hinterbeine ganz schwer sind. Er atmet ein und aus und hebt ein Hinterbein. O je, auch das ist ganz schwer. Langsam legt er es ab. Nun noch das letzte Hinterbein, denkt Stampf. Er hebt es an und spürt sofort: Auch das ist ganz schwer. Stampf legt es ab und spürt nun den ganzen Körper. Schwer drückt er sich in die weiche Unterlage. Stampf fühlt sich wohl. Er spürt, wie Wärme durch seinen Körper fließt. Sie wärmt seine Vorder- und Hinterbeine und auch seinen Bauch. Er ist ganz warm, satt und schwer. Jetzt kann er schlafen. Stampf schließt die Augen und schläft ganz schwer, aber entspannt ein.

– kurze Pause mit Musik –

Nun ist deine Reise beendet und langsam kommst du gedanklich zurück in den Raum.
Du atmest ein paar Mal tief ein und aus, bewegst langsam deine Finger, deine Zehen, deine Arme, deine Beine, deinen ganzen Körper. Gähnst, reckst und streckst dich, strampelst mit Händen und Füßen in der Luft herum, öffnest die Augen, spürst deinen Kuschelbären auf deinem Bauch und setzt dich hin.

Schluss: Die Erzieherin verwandelt alle Bären wieder in Kinder und siehe da, Stampfs Geschwister sind wieder zu Hause. Jedes Kind zeigt seinen Bär. In einem Gespräch können die Kinder ihrem Bären erzählen, wie sie sich gefühlt haben.

Literatur

Ingrid Biermann
Purzelbaumtage
Verlag Herder Freiburg 2000

Klaus Balster
Kinder mit mangelnden Bewegungserfahrungen
Landessportbund NRW 1996

Heidi Lindner
Teddys Turnstunde
Meyer und Meyer Verlag Aachen 2001

Gisela Stein
Kinder und Eltern turnen
Meyer und Meyer Verlag Aachen 1997

Udo Neumann
Autogenes Training für Kinder
Südwest Verlag München 1995

Petra Droßowsky
Kinder entspannen mit Yoga
Verlag an der Ruhr 1996

Anke Martini
Komm her, hier tanzt der Bär
Kontakte Musikverlag Lippstadt 1999

Sabine Pauli, Andrea Kisch
Geschickte Hände
Verlag modernes lernen, Dortmund 1993